Do Mhaedhbh

AN TROMDHÁMH

An Tromdhámh

FEARGAL Ó BÉARRA

LEABHAR
BREAC

An Chéad Eagrán 2018
© Feargal Ó Béarra 2018

ISBN 978 1 911363 21 7

Clóchur agus dearadh: Caomhán Ó Scolaí
Clódóireacht: Clódóirí Lurgan

Foras na Gaeilge

Tugann Foras na Gaeilge tacaíocht do Leabhar Breac

Leabhar Breac, Indreabhán, Co. na Gaillimhe.
www.leabharbreac.com

Ní buan duine tar éis a aortha

TOSACH SCÉIL SIOSMA: RÍ UASAL AMHRA a bhí ar Oiriallaibh tráth, Aodh mac Duach Duibh. In aon-aimsir leis a mhair an tAodh eile, Aodh Fionn mac Feargna, rí céadach coscrach Bhréifne. Fear cosantach cróga, agus a údar aige, ab ea Aodh Oiriall óir bhí sciath aige, Dubhghiolla, agus ba bhua dá buaibh gach aon dá naimhdibh a chíodh i láthair catha í nach bhfágtaí neart mná seoil ann. Ba mhaidhm roimpi ar gach conair a dtéadh. Bhíodh sé ina shíor-imreas agus ina aighneas éigríochta idir an bheirt sin ionas gach dea-ghníomh a ghníodh duine acu nach sásódh aon ní an duine eile ach a shárú de dhea-ghníomh a dhéanamh é féin.

Oíche dá raibh Aodh Fionn agus Dallán Forgaill, Rí-Éigeas Éireann, i dteannta a chéile i gcoirmtheach cluthar de chuid na Bréifne gur tharla an chaint seo eatarthu: 'Is mór an fhéile a fhaigheann tú uaimse, a Dhalláin, agus is tearc neach sna seacht ríochtaí is fairsinge ná is féile ná mé.'

'Ní hionadh sin,' arsa Dallán, 'óir is mór é m'onóir in ainneoin mo dhaille in Albain agus i Sacsain, sa

Bhreatain agus sa Fhrainc ós agam atá ollúnacht gach críche díobh sin.'

'Más ea féin,' arsa Aodh, 'is mó go mór a bheirimse ó thurgbháil go fuine duit ná a dtugann aon rí acu siúd duit idir dhá inn a n-aoise. Óir an t-am a dtéann tusa ar cuairt ollúnachta i gcríoch chian choimhthíoch, agus a dteastaíonn bó uait, cuirimse bó ina hionad, agus an t-am a dteastaíonn each nó crú nó pingin uait, cuirimse each nó crú nó pingin in ionad gach ní díobh sin ionas go bhfaighe tusa do chrodh agus d'ionnús iomlán ar theacht ar ais duit.'

'Is fíor nach bréag duit sin,' arsa Dallán, 'ach más ea féin, nach duitse, agus nach duitse amháin, a bhéaraimse scoth m'ealaíne agus caoin mo cheirde, de dhroim dlite, a chiste na gcliar?'

'Is fíor, dar m'anam,' arsa Aodh, 'is fíor.'

'Ach abair seo liom, a Aodh, cén chúis an chaint seo?'

'Tá,' a deir Aodh, 'an té sin atá faoi chomhnós liomsa, Rí Oiriall; is cóir duitse gach ní dá n-iarrfair air a fháil uaidh.'

'Agus, ar ndóigh, nach mbeadh an méid sin agus a sheacht n-oiread le fáil agam uaidh ach sin a iarraidh? Óir in éagmais a fhlaitheasa,' arsa Dallán, 'níl aige aon ní nach dtabharfadh domsa.'

'Ní baoth go dtí é, a Dhalláin,' arsa Aodh Fionn ansin leis.

'Cén chiall sin?'

'Nach mór de do chloigeann atá folamh! Tá aige siúd ní nach dtabharfaidh duitse ach í a iarraidh agus inseoidh mise duitse cén ní sin. Tá sciath aige, Dubhghiolla, agus is léi a ghabh seisean forneart is forlámhas riamh ó ghabh sé ríghe is oireachas Oiriall, agus is léi a ghabhann fós go deimhin. Is léi a chosnaíonn sé Oirialla ó imeall go himleacán. Agus sin ní nach dtabharfaidh seisean duitse.'

'Ní achainí fíoréigis sin,' arsa Dallán, 'óir dá mba ea, d'iarrfainn í.'

'Murab ea féin, tabharfaidh mise a luach duitse — céad de gach crodh dá bhfuil agam — ach tusa a dhul á hiarraidh,' arsa Aodh Fionn.

'Rachadsa, más ea, á hiarraidh,' arsa Dallán, 'agus mura bhfaighe mé uaidh í, aorfaidh mé é.'

⊙ ⊙ ⊙

THUGADAR AN OÍCHE SIN GO SÓCÚIL seascair sásta ansiúd gur éirigh Dallán le huair na maidine moiche arna mhárach gur gabhadh dó a eacha agus gur rug leis a thrí naonúr ollúna. Filleadh ná feacadh ní dhearna ach imeacht réimdhíreach go dún Rí Oiriall. Ar theacht ansiúd dó, agus ar chlos don rí Dallán a bheith ar an bhfaiche amuigh, tháinig chuige isteach gan fuireach gan fanacht gur thoirbhir an rí teora póga dile díochra dó gur tugadh Dallán ar formna fear thar thairseach an dúin isteach.

'Ní fhágfaidh mé seo,' a deir sé leis féin, 'go mbeidh a fhios agam an bhfaighidh mé a n-iarraim.'

Iomthúsa an rí, chuir sé fleá is fuireag á réiteach ar cheann Dhalláin gona chliar. Tugadh chucu proinn céid de bhia is do leann: rogha gach bia — idir bhánbhia, dheargbhia, is ghlasbhia — agus togha gach dí — idir fhíon, leann is bhiotáille — gur chuir gach fear acu idir ollamh is fhile cruit ar a thrinsiúr agus tarr air féin le teann craois agus cíocrais. Nuair a bhí a bproinn caite acu, d'éirigh Dallán. Shléacht a raibh i láthair roimhe cé is moite den rí. Ní sléachtadh a rinne seisean ach socht óir is maith a bhí a fhios aige nach ar thlás ná ar thime a bhí Dallán tagtha chuige. Ar deireadh, stoll sé a shocht gur labhair de dhrón dubhach dobrónach: 'Céard í an achainí, a Dhalláin, céard í an achairt?'

Mar ba dhual don fhear dána, níor chuir Dallán fiacail ann.

'Do sciathsa,' a deir sé, 'Dubhghiolla.'

'Ní achainí fíoréigis sin,' arsa an rí, 'óir dá mba ea, gheofása í.'

Uídh ná aird níor thug Dallán ar an agairt sin ach an méid seo a rá, 'Ní folamh ar fad a tháinigeas, a cheann na féile, óir thugas-sa duan chugat ar a son.'

'Ba mhaith liomsa éisteacht le do dhuan,' arsa an rí, óir níor mhian leis toibhéim ná tarcaisne a thuilleamh uaidh.

Mar seo do Dhallán:

A earr adha, a Aodh,
A dhaigh dhána dhúr,
A mhaith mar mhuir mhóir,
Cuirfidh mise sin ar gcúl.

Cuirfidh mise sin ar gcúl,
A Aodh mhic Duach Duibh.
Is maith mór do mhaoin,
Gan aoir is gan oil.

A ghrian d'aithle a reann,
Is adhfhuafar, dar liom,
A chlár fichill fhionn,
Go dtuilltear, a earr!

'Ní shéanaim,' a deir Aodh, 'gur breá an duan í
— an té a thuigfeadh í.'

'Ní hionadh fear d'aithnese á rá sin, cheana,' arsa
Dallán. 'Ach is beag an bhrí. Cibé a ghníonn an
fordheargadh file, is dó féin is cóir a mhíniú, agus ós
mé a chum, is mé a chiallós!'

Lig Aodh ísealosna ochóin as gur bhreathnaigh
faoi agus thairis ach smid ní dúirt.

D'iaigh an chliar um Dhallán go ndúradar
d'aitheasc aonfhir, 'Labhair, a aitheascail, labhair!'

A earr adha, a Aodh a dúirt mé leat, sin le rá gur
tú earr oinigh agus gaisce Éireann.

'*A dhaigh dhána dhúr* a dúirt mé leat — focal eile ar *daigh* an focal *niamh* agus is niamh dhána tusa i gcathaibh.

'*A mhaith mar mhuir mhóir* a dúirt mé leat, sin le rá dá mba leat maoin is maitheas na mara, dháilfeá ar aos éigse is ealaíon é.

'*A ghrian d'aithle a reann* a dúirt mé leat, sin le rá gur tú an ghrian tar éis a reanna a fhágáil; sin é an uair is fearr a dealbh agus ní fearr a dealbh ná do dhealbhsa.

'*A chlár fichill fhionn* a dúirt mé leat, sin le rá dá mbeadh seacht bhfoirne fichill ag duine amháin nárbh fhearrde dó é agus gan clár ar bith aige óir is tusa clár cothaithe is coinmhidh fhear nÉireann.'

'Is mór an soilsiú dom an méid sin,' arsa Rí Oiriall, 'agus béarfadsa crodh duit ar son an tsoilsithe agus ceathra ar son an duain.'

'Tabhair, má ghlactar uait,' arsa Dallán. 'Ach fuirigh go fóill óir rinneas duan eile molta don sciath.'

Lig Aodh ísealosna ochóin eile as gur bhreathnaigh faoi agus thairis ach smid ní dúirt go ceann ala óir níor mhian leis toibhéim ná tarcaisne a thuilleamh uaidh.

'Ní ab fhearr liom,' a deir sé ar deireadh, 'ná cluas a thabhairt don duan sin, a Dhalláin, níl le fáil faoi rothaí na gréine. Abair leat!'

Ghabh Dallán an duan:

> Aodh suithchearn, seal seagh,
> A shlaidheann a sciath,
> Reabh tonn a reann reabh,
> Ceann ár dtreabh is ár dtriath.

> Béarfam[1] a cruth dian
> Thar gach fionnsruth fial,
> Mochean tnúth goin triath,
> Mo sciath sceo a sciath.

> Sciath bhreac bhiata bran,
> Géiseann Badhbh dá bruach,
> Sciath chomhadhbhal chaomh
> Atá ag Aodh mac Duach.

> Béarfam ó mhac Duach,
> Roimh dhul dúinn ar caoi,
> Sciath chomhábhal chaomh —
> Dom ó Aodh ar m'aoi.[2]

'Dar m'anam, a Dhalláin,' arsa Aodh, 'ach gur breá an duan í sin féin — an té a thuigfeadh í — agus is ór agus airgead, seoda agus maoine is cuí faoina comhair. Gheobhairse sin uaimse.'

'Ní bhfaighidh,' arsa Dallán go borb, 'óir ní do sheodaibh ná do mhaoinibh ach don sciath a rinneas

---

[1] Béarfam: béarfaimid.

[2] Is ionann *aoi* anseo agus *dán* nó *aiste filíochta*.

mo dhuan. Go deimhin, tá an treas duan déanta agam di!'

Níor éist Aodh lena cloisteáil.

'Is cinnte,' a deir sé, 'gur breá an duan í sin freisin, a Dhalláin, agus ceannóidh mise chomh maith céanna í le hór agus le hairgead gan choigil, agus céad de gach crodh duit ar a son.'

'Is maith sin,' arsa Dallán, 'ach más maith féin, níor luadh fós ó thús an tsaoil séad de shéadaibh an domhain as béal duine ar a nglacfainnse aon ní eile ach an Dubhghiolla féin.'

Ba dhífhulaing agus ba dho-iompair le hAodh an méid sin go ndúirt i ndeireadh na péice: 'Sciath ní gheobhair ach mo dhon is mo dhoghrainn!'

Spréach agus spadhar Dallán.

'Don agus doghrainn, ru! Nach leor nimh mo theanga gan í a ghríosadh, a Aoidín, nár daoradh riamh — ní hea, nár daoradh *fós* — as ainfhéile ná easáin?'[3]

Ní dhearna Aodh ach Dubhghiolla a tharraingt chuige gur chuir ina seasamh idir é féin agus Dallán í.

'Crap leat, a Dhalláin. Crap leat!'

'Más siúd é an cás é, aorfaidh mé thú!' arsa Dallán.

'Fearta agus míorúiltí Rí Neimhe is Talún uaimse i d'aghaidh, a Dhalláin, do mo shaoradh is do m'anacal ort!'

---

[3] Easáin: deoraí a dhíbirt; féile a eiteach.

'Is beag a mbrí, a Aodh, in éadan eascaine is oirbhire aosa dána!'

'Caint thar ceart an chaint sin, a Dhalláin!' arsa Aodh, 'caint thar ceart!'

'Cén chiall sin, a Aodh?'

'Cén chiall sin, a Dhalláin? Ní hansa, mar a deir sibh féin. An é nach cuimhneach leatsa an t-am a ndearna naoimh Éireann cadach is cumann eadrainn féin agus sibhse, aos ealaíon Éireann?'

'Tá barúil agam de.'

'Faitíos an dearmaid, a Dhalláin, inseoidh mise anois duit é. Mar seo a socraíodh: cibé agaibhse a dhéanfadh aoir go héagóir orainn, trí boilg aithise a fhás air, ach dá mba sinne a thuillfeadh an aoir sin agus sibhse á déanamh go cóir orainn, go bhfásfadh an oiread céanna orainne.'

'Tharlódh dó, tharlódh dó.'

'An cuimhneach leatsa, a Dhalláin, na naoimh a bhí i láthair?'

'Dar m'anam, a Aodh, meas tú nach bhfuil dearmad glan déanta agam orthu?'

'Do dhíorma arb í treascairt na díchuimhne is cúram daoibh—más ea—nach diabhalta dearmadach ina dhiaidh sin féin sibh?'

'Deasca de dheascaibh na ceirde é sin, a Aodh — deasca na ceirde.'

'Cabhair ó Dhia chugainn ach nach mairg a chuaigh le bhur gceird! Dá dhonacht mise, dar leatsa, nach maith go gcuimhním agus go gcuimhním go maith ar na naoimh a bhí i láthair an lá úd: Colm Cille, Ciarán Chluana, Sean-Chiarán Saighre, Finnín Chluana hIoraird, Finnín Mhá Bile, Seanach, Ruán Lothra, Bréanainn Bhiorra, Bréanainn Chluana Fearta, Mo Cholmóg Naofa, Comhghall, Da Lua, agus Caillín Naofa.'

'Naoimh ann nó naoimh as, a Aodh,' arsa Dallán, 'ní bhéarfadh sin uile tusa uaimse gan d'aoradh, agus ní fearrde liom d'aoradh mura ngabhfad i d'fhianaise cuid di daoibh. Fág an bealach, más ea, ós chugat í.'

A Aodh mhic Duach Duibh,
A ruach ar nach ruibh,
A bhróg na gcuach cain,
A adhbha luath loin.

A chaoir ghealtaigh ghlais,
Súfaidh treabhdóir luis,
A ghoirt ghlais mar ghreis,
Coinnleoir práis ar bois.

A bharc feadha fuair,
A bharc beara braoin,
A airbhe an duibh daoil,
A oirbhire, a Aodh.

'Dar mo chúis agus dar mo choinisas,' arsa Aodh, 'nach bhfuil a fhios againn an fearr nó an measa an ceann sin ná an dá shlabar eile a rinnis.'

'Ní hionadh fear d'aithnese á rá sin, cheana,' arsa Dallán. 'Ach is beag an bhrí. Cibé a ghníonn an fordheargadh file, is dó féin is cóir a mhíniú, agus ós mé a chum, is mé a chiallós!'

Lig Aodh osna ochóin as le teann ceisnimh is ceasachta. Uídh ná aird ní bhfuair. D'iaigh an chliar um Dhallán arís go ndúradar d'aitheasc aonfhir, 'Labhair, a aitheascail, labhair!'

'*A Aodh mhic Duach Duibh, a ruach ar nach ruibh* a dúirt mé leat; ionann sin agus lochán samhraidh,' arsa Dallán, 'nuair a gheibh sé tart mór agus a shaltras neach ann, scinneann a lán as agus ní thig aon deoir eile ann go dtig an tuile arís; ionann sin agus tusa óir níl dá mhéad moladh a gheobhair ar a dtiocfaidh an t-oineach céanna ionat arís tar éis na n-aortha seo.

'*A bhróg na gcuach cain* a dúirt mé leat; ionann sin agus peata cuaiche óir ní bhíonn i dteach peata is measa ná é. Tréigeann sé a cheiliúr nach mór agus níl tráth is fearr leis sin a dhéanamh ná sa gheimhreadh. Tá sé ráite go ndéanann éan eile banaltras leis. Cuireann an t-éan sin — an cabhcán — a éan féin uaidh go mbeathaíonn éan na cuaiche gurbh inghníomha é, agus beireann an chuach léi é agus ní hansa léi an cabhcán sin ná gach éan eile. Ionann sin agus do dháilse agus aos ealaíon Éireann óir ní bheidh cuimhne acu ar mhaith dá ndearnais tar éis na n-aortha sin.

'*A adhbha luath loin* a dúirt mé leat; ionann sin agus lon agus é ag éirí roimh dhuine san oíche óir ligeann fead nó scol as óir ní labhraíonn an oíche sin ó ghabhann eagla é. Is amhlaidh sin duitse óir chualathas d'oineach i gcéin. Ach ó aoradh thú, ní chluinfidh neach é tar éis na n-aortha seo.

'*Súfaidh treabhdóir luis* a dúirt mé leat; ionann sin agus an bheach óir dá n-ibheadh sí eire seacht n-each in aon-soitheach, ó chuirtear ar tine é, ní dhéanann ach dubhú tar éis do na beacha é a shú.'

'Lig as, a Dhalláin,' arsa an rí, 'Is leor sin de do chuid sanasánaíochta seafóide. Lig as agus ná bí do m'aoradh anseo os mo chomhair níos mó óir ní miadh ná maise liom cluas á tabhairt ag dámh is deoraí do do bhriathra bréana breallánacha bradacha!'

Chuir Dallán grus air féin gur stán faoi ghruig ar Aodh. 'Aorfaidh mé arís thú!'

'Neart Dé agus na naomh uaimse in bhur n-aghaidh,' arsa Aodh, 'má ghríosaigh sibh go héagóir mé óir is mór é m'fhaitíos gur mar sin a rinneadh ós tú an file faobhrach freagarthach. Ba mhinic libh sin.'

'Bíodh agat, mar sin, a Aoidín,' arsa Dallán. 'Gabhtar na heacha dom,' a deir sé, 'go n-imínn.'

'Nár shoraidh do shéad, a chladhaire chabaigh, agus síos leat go beo go hAirchinneach Ifrinn ar do ghearrán áthánach gránna!'

Gabhadh a eacha dó ansin gur imigh as an mbaile

sin amach Dallán gona chliar. Níor chian a rángadar nuair a dúirt Rí-Éigeas Éireann: 'A ollúna ionúna, is ionadh liom an ní a deir lucht scaoilte na scéal — cibé duine a ghníonn aortha go héagóir gur measaide dó. Le fírinne, deirim libh: go bhfios, go gcuimhne, agus go ndóigh dom, ní dhearnadh riamh aoir b'éagóra agus b'aindlíthí faoin ngréin ghlain ná na haortha a rinneas féin inniu. Ach dá iontaí sin, is iontaí fós gur fearrde dom a ndéanamh óir féach go rabhas gan aon súil ag teacht don bhaile seo ach go bhfuil dhá shúil mhaithe anois agam.'

D'umhlaigh na héigsíní agus na filí roimhe go ndúirt de ghuth aonfhir, 'A Rí-Ollaimh,' ar siad, 'ní shéanaimid gur gaoth an focal ach, más ea féin, ní furasta a chreistiúint.'

'Is fíor é, a deirim libh,' arsa Dallán, 'dar m'anam, is fíor agus ní bréag!'

'Más ea,' arsa an chliar, 'inis dúinne ár n-eagar sa tslí romhat agus i do dhiaidh.'

'Tá,' a deir sé, 'dhá naonúr agaibh romham agus naonúr i mo dhiaidh.'

'Is fíor duit sin, a Rí-Ollaimh,' ar siad.

'Gan cheilt, deirim libh: ní fheadar an maith na hairí úd óir nascas féin mo choimirce ar Cholm Cille mac Feilim maidir le comhartha iontach a fháil uaidh sula dtéinn d'éag, agus cá bhfaighinn comhartha b'iontaí dom agus ba shuaithinsí liom ná mo bheith dall ag teacht don bhaile sin Aodh mhic Duach

Duibh, ach dhá shúil mhaithe anois agam? Tugaidh abhaile go beo chun an tí mé go dté mé d'éag.'

Tugadh.

(ͼ　　(ͼ　　(ͼ

TRÍ LÁ AGUS TRÍ OÍCHE INA BHEATHA do Dhallán go bhfuair bás ar deireadh.

Ba ghearr á leathadh go ceithre corra coiteanna na cruinne an scéala méala sin gur tháinig cuisle mhór na héigse go haon-ionad le teann bróin agus buantuirse: Maol Geide mac Fir Gobhóg, Ollamh Alban; Arrachtán mac Onsclainn, Ollamh Breatan; Srubhchaille mac Sreabhchaille, Ollamh Sacsan; Niamhchaomh Ollamh Uladh; Daol Dúileadh, Ollamh Laighean; Ollmhór Ard-Éigeas, Ollamh Deasumhan; Oircne Aithiúin, Ollamh Tuamhan; agus Seanchán Éigeas é féin, Príomh-Ollamh Connacht.

D'imigh sin ann féin. Cuireadh fios ar shochraid a shínte, ar chóisir a chaointe, agus ar aos a adhlactha. Cuireadh go sollúnta socránta é. Níl ann ach go raibh a chuilt chré caite anuas acu ar a chual cnámh nuair a chuaigh an t-aos ealaíon i gcionn agus i gcomhairle a chéile féachaint cé díbh dár chóir ollamh a dhéanamh ina dhiaidh, ach má chuaigh, chinn orthu aontú i dtaobh an scéil.

'Tabhair Muireann iníon Chuain Chuilleadh, baintreach Dhalláin, buime na cléire chugainn,' a deir siad ar deireadh, 'agus an chliar cailleach — Gruig, Graig, is Grangaid — ina teannta.'

Tugadh.

D'fhiafraigh an chliar díbh cé dár chóir ollamh a dhéanamh.

An bhaintreach a labhair.

'Ní hansa sin, a fheara, ní hansa,' arsa Muireann. 'An cuimhneach libh an t-am a ndeachaigh sé féin, an fear bocht, ar cuairt ollúnachta go hAlbain? Is iad Clann Raghnaill a sheas an costas dó. Costas mór, is cosúil — beadaíocht, leadaíocht — agus rabairneacht i dtaobh dí ba chúis, más fíor. Ní féile go Clann Raghnaill; maireann go brách buan a gcuimhne! Chuaigh mise in éineacht leis. Bhí muid aon oíche amháin, mé féin agus mo Dhalláinín dána dásachtach, soiprithe suas go deas sócúil seascair dúinn féin faoin súsa ag caint is ag comhrá, mise ag slánú comhardaí briste dó, sinn ag cur caoi ar lochtaibh an dána dírigh i measc na bhfilí óga. D'fhiafraigh mé féin mar seo de — pé uair a chaillfí é féin, cé díbh dár chóir ollamh a dhéanamh ina ionad. Agus is éard a dúirt sé liom dá gcuirfeadh neach ar domhan rann in ionad an rainn agus focal in ionad an fhocail dó féin gurb é Seanchán Éigeas an té sin.'

'Más ea,' arsa an chliar, 'déanaimis tairngeartach ollaimh de Sheanchán agus bíodh sé ina oidhre dlisteanach ar dhuine de na healaíontóiribh móra!'

Rinneadh. Bhí.

Dúradar ansin leis seasamh os cionn Dhalláin
agus marbhna a dhéanamh dó. Sheas. Rinne. Ghabh.

Ionúin an corp a thit sonn,
Cé gur throm, ba fhear éadrom;
Éadrom corp ba throm feadhna,
Mór an chliar dar ba thiarna.

Trí caogaid dúinn ar aon leis,
D'éigsibh feadhbha — forba fis!
Fiú dá mbeimis líon ba lia,
Foghlaim nua dhuain gacha dia.

Uaim dhíleann nach sroicheann slóigh,
Buinne Easa Rua ró-mhóir,
Tuile mara ró-mhóir ráin,
Samhail intleachta Dhalláin.

Go sroichtear thar an ngréin ghil,
A dheilbhigh Dia os dúilibh,
Ní shroichfidh file, thuaidh nó theas,
Thar Eochaidh réidh Rí-Éigeas.

Ba eagnaí, a Dhé neimhe!
Ba uasal, ba ardfhile,
Go dtaga tonn, de bhás bil,
Och, ba álainn, ba ionúin!

AR CHRÍOCHNÚ NA MARBHNA DO
Sheanchán agus iar bhfearadh a dhíol dílis féin de
fhrasaibh fíorbhróin i ndiaidh Dhalláin, d'éirigh an
chliar go léir go ndúradar d'aonghuth go raibh a sáith
féin d'ollamh sa té a rinne an mharbhna sin. D'iarradar
an caoineadh ansin, go bhfuair, agus an fheartlaoi ina
dhiaidh sin. Nuair a bhí trí thuireamh na tuirse
faighte acu agus iad sách sásta dá réir, ní dhearnadar
faill ná faillí dá chionn ach fiafraí dá chéile cén cúige
in Éirinn a rachaidís ar dtús ar cuairt ollúnachta.
Níor thráth faillí acu é ach gach ollamh díobh ag
iarraidh dula dá chúige féin, ní nárbh ionadh. D'fhág
sin an scéal ina chibeal is ina chaismirt choiteann nó
gur labhair Seanchán ar deireadh go ndúirt gur chóra
dul ar amas an té nár aoradh agus nár imdheargadh
maidir le hór ná le hilmhaoinibh riamh.

'Cé hé siúd?' arsa an chliar.

'Guaire Aidhne, Guaire an Oinigh, Guaire glan;
mac dílis Cholmáin mhic Cobhthaigh mhic
Goibhneann mhic Conaill mhic Eoghain mhic
Eachach Bhric mhic Dath Í mhic Fhiachra, an té nár
éar neach de sheacht ngráda déanta an dea-dhána ó
ghabh sé flaitheas,' arsa Seanchán.

Arsa an chliar go léir ansin gur chóir dóibh dul go
Durlas[4] ó tharla gur mhaith sin le Seanchán, dar leo.

---

[4] Áras Ghuaire, láimh le Dún Guaire, i gCinn Mhara, Co. na
Gaillimhe; gan fanta de anois ach na ballaí.

'Faoitear[5] teachta agus teachtairí uainn go Guaire, go Rí Chonnacht!' ar siad d'aonghuth.

Faoíodh. 'Mocheansa dóibh,' arsa Guaire, ar chlos dó Seanchán gona ollúna gona fhilí a bheith ag teacht faoina dhéin.

'Mochean dá maithibh agus dá n-olcaibh. Mórfháilte uaim dóibh idir ollamh is ánradh, idir fhile is éigsín, idir fhior is mhnaoi, idir chú is ghiolla, idir óg is aosta! Deabhadh agus deifir is dlite, más ea, adrásta.'

Cuireadh fios láithreach ar na saoir chrainn is chloiche gur chuir Guaire faoi deara láithreach dóibh bruíon a dhéanamh do Sheanchán gona chliar. Rinneadh: ocht sleasa uirthi, agus doras idir gach dhá shlios díobh agus ocht bpríomhleaba idir gach dhá dhoras agus fo-leaba i bhfianaise gach príomhleapa. Is é an t-údar ar ordaigh seisean sin: cibé de lucht na hiomdha a dhéanfadh troid nó imreasán, agus a d'éireodh aisti, go bhfaigheadh sé an fho-leaba urlamh ar a cheann thíos ar thitim go lár dó.

Chuir sé fios ansin ar na tiobraideoirí[6] gur chuir ocht dtobar á dtochailt do na fir agus ocht dtobar do na mná óir níorbh áil leis uisce lámh na n-ollúna a dhul thar lámha na mban ná uisce lámh na mban a dhul thar lámha na n-ollúna. Rinneadh amhlaidh,

---

[5] Faoitear: Seoltar.
[6] .i. lucht bainte tobair.

agus is sa bhruíon fhairsing fhial fhleách fhíonmhar sin a cuireadh ar ceathrúin is ar coinneáil aos dána Éireann an feadh a chaith siad i nDurlas ag Guaire an Oinigh.

ⓖ   ⓖ   ⓖ

NUAIR A BHÍ AN MÉID SIN IN ORD IS IN oirchill ag Guaire, rinne sé fleá is fuireag faoina gcomhair gur chuir teachta ar a gceann le scéala. Ghlac Seanchán an scéala sin ón teachta go ndúirt leis an gcliar: 'Cé gur maith é oineach Ghuaire, agus cé nach ngluaiseann uaidh gan díol deoraí ná dáil éigeas ná lucht gach ceirde go coiteann, ní thabharfad liom don chor seo a bhfuil iata umam anseo óir loitfidís Connachta. Ní thabharfad, dar m'anam is dar m'éigse, óir ní beag liom a dhá dtrian a bhreith chuige agus trian a fhágáil i mo dhiaidh — ní hí an tsaint a chleacht ná a thnúth aos dána riamh.'

'Is maith an chomhairle,' arsa an chliar d'aitheasc aonfhir.

Mar sin a rinneadh: níor rug leis go Durlas ach trí caogaid éigeas, agus trí caogaid éigsín — agus giolla, cú, agus beirt bhan muintire ag gach fear acu sin. Ní gan rathú gan mhothú a tharla an méid sin, dar ndóigh, óir rinne duine de na héigsíní buanú ar an eachtra i gceann dá chuid rabhán amhra:

27

Trí caogaid éigeas nach mín,
Trí caogaid éigsín, dhá mhnaoi,
Giolla agus cú gach fir,
A bhiathaigh Guaire in aontigh.

Ar theacht go Durlas don líon sin, d'éirigh Guaire
amach ina gcoinne agus ina gcomhdháil go ndúirt:
'Mocheansa daoibh, a aos dána an fhóid Éireannaigh,
mochean do bhur maithibh agus do bhur n-olcaibh.
Mórfháilte uaim daoibh idir ollamh is ánradh, idir
fhile is éigsín, idir fhior is mhnaoi, idir chú is ghiolla,
idir óg is aosta.'

'Is maith againn an fháilte sin, a Ghuaire, a phailm
na féile, a ré gan urú oinigh!' arsa an Tromdhámh
d'aonghuth gairdis is greadhain.

Ach níor shia ná sciorrach seachránaí ar striapach
an seadú sin óir b'éigean do Ghuaire éirí as an agall úd
ar a líonmhaire a bhí lucht leanúna Sheancháin idir
uasal is íseal. Ar seisean ansin, de ghlór fann faonlag,
ar fhaitíos toibhéim nó tarcaisne na bhfilí: 'A chairde
na páirte, a ord éigeas, a phlúrscoth na bhfíodóirí
focal! Tá oiread agaibh ann nach dtig liomsa fáilte
faoi leith a chur roimh gach aon duine agaibh ach,
bíodh sin mar atá, mochean romhaibh uile. Cuirfear
sa bhruíon mhór seo thall sibh, a cuireadh á déanamh
faoi bhur gcomhair, agus dáilfear ar bhur mbéalaibh
togha gach bia agus rogha gach dí, agus pé ní a bheas
in easpa oraibh, iarraidh sin agus gheobhair!'

Ar chlos na cainte sin do Sheanchán, mhaígh a ghean gáire air go ndúirt ina intinn féin, 'Nach méanar dúinn óir níl a fhios aige seo a leath!'

Maidir leis an Tromdhámh, as leo faoi dhéin na bruíne agus tine le tóin gach fir díobh ar thóir a leaba dhílis féin. Rinneadar uain oll óil is oireachtais ansin (cuid acu thar a chéile agus a éileacht orthu ar maidin) gur thit ar gach fear díobh a thromshuan agus a thoirchim gur chodail go sona sámh an oíche sin i nDurlas. A n-iomthúsa go nuige sin sonn.

NA MIANA

NÍ FHAIGHEANN MINIC ONÓIR. BA MHÓR an ceas croí agus an crá coinsiasa do Ghuaire bocht an deacair agus an dua uile a tharraing an Tromdhámh air óir b'éigean béile ina aonar agus leaba ar leith a thabhairt do gach duine den aos dána sin. Dár dhonacht sin (agus ba dhona), ní chaithidís oíche gan a bheith ag casaoid is ag ceasacht ar a gcuid ná maidin gan mian shuaithinseach dhoirbh dho-fhála a theacht chuig duine éigin acu. Chaití an mhian sin a fháil nó an rí a aoradh agus a cháineadh. Ba thrua agus ba thochrá le Guaire gurb amhlaidh a bhí ach smid ní dúirt ar fhaitíos thoibhéim na bhfilí, cúis gan náire!

Mian de na mianaibh sin an mhian iontach a tharla do Mhuireann, muime na cléire, baintreach Dhalláin, gur lig mairg mhór aisti.

'Céard sin ort?' arsa an Tromdhámh.

'Mian a tharla dom,' a deir sí, 'agus mura bhfaightear an mhian sin, ní buan i bhfad beo mé.'

'Abair an mhian,' arsa Seanchán.

'Scála de lionn leamhnachta agus smior as murnán muice allta ann,' arsa Muireann.

'An leor leat sin, a Mhuireann?' arsa Seanchán.

'Ní leor. Peata cuaiche a bheith ag ceiliúradh ar chrann eidhinn i m'fhianaise'. Idir dhá Nollaig a caitheadh an chaint sin.

'Ní suaill sin, a Mhuireann,' arsa Seanchán, 'ach an leor leat é?'

'Ní leor. Mé a bheith gléasta faoi éide ildathach de líon an damháin alla agus each riabhach faoi mhoing chorcra fúm. Ceithre cosa gléigeala fúithi, a teanneire ar a muin, agus crios ina timpeall de mheall blonaige toirc gléigil, agus í a bheith ag crónán roimpi isteach go Durlas. Sin é mo leor.'

'Is deacair an mhian sin a fháil,' arsa Seanchán, 'óir ní haon-mhian amháin sin ach greas de mhianaibh iontacha nach furasta a fháil.'

'Bí á bhfáil dom, a Sheancháin, más maith leat do cháil!' arsa Muireann.

Ansiúd dóibh go maidin.

Dhúisigh Guaire le héirí gréine gile arna mhárach gur bhain searradh as féin ó rinn go sáil, gur éirigh. Anonn leis, mar ba ghnách, go bruíon na Tromdháimhe gur fhiafraigh ar shiúl isteach dó: 'Conas atáthar ag an muintir mhór mhaith seo inniu?'

'A Ghuaire ghrua-ghlain, ar rug do chlú geall thar gach aon le barr oinigh, ní rabhamar riamh uair is measa a bheimis.'

'Tuige sin, a Sheancháin?' arsa Guaire.

'Mian a tharla do dhuine againn,' arsa Seanchán.

'Mian thar an ngnáthmhian, an ea?'

'Is ea,' arsa Seanchán. 'Dlite dúinn.'

'Cé dó ar tharla an mhian sin?'

'Do Mhuireann,' arsa Seanchán, 'baintreach Dhalláin agus buime na cléire.'

'Céard í an mhian?'

D'inis Seanchán sin dó.

'Ní haon-mhian amháin sin,' arsa Guaire, 'ach ainmhiana iomadúla, agus fiú an chuid sin díobh is fusa a fháil, is deacair iad a fháil.'

D'imigh leis go dubhach dobrónach. Níor tharla dá mhuintir ina fharradh an uair sin ach aon ghiolla amháin. D'fhiafraigh Guaire de: 'An maith é do rún, a ghiolla?' ar sé.

'Tuige duit sin a fhiafraí, a rí?' arsa an giolla.

'B'áil liom dul go Seiscinn Uarbhéil,' arsa Guaire, 'airm a bhfuil Fulachtach mac Eoin.[7] Óir is mise a mharaigh a athair agus a cheithre mhac agus a thrí dheartháir, agus is fearr liom é do mo mharú-sa anois agus m'oineach a bheith slán i mo dhiaidh ná mise a bheith slán agus m'oineach faoi smál óir ní bhfaighfear na miana úd go brách.'

'Is maith é mo rún,' arsa an giolla, 'ach má fheictear ag imeacht as seo thú, níl sa teach an té nach mbeidh do do leanúint.'

B'olc le Guaire sin. Tháinig roimhe go Fionnaireagal

---

[7] Ní fios go baileach cá bhfuil Seiscinn Uarbhéil. I gCuala, seans, nó láimh le Loch Té i sléibhte Chill Mhantáin.

na Féile[8] óir nuair ba theannta dósan ó lucht éigse is ealaíon, thagadh go Fionnaireagal na Féile go dtéadh ar a dhá ghlúin ag urnaí agus ag eadarghuí Íosa Críost go bhfaigheadh ó Dhia trí fheartaibh féile gach ní dá n-iarradh. Is ar an gcúis sin a ghairtí Fionnaireagal na Féile den áit sin.

Bhí Guaire ansiúd agus é ag sléachtain agus ag urnaí agus ag eadarghuí faoi bhás a fháil dó féin sula mbeadh ina bheatha ag éisteacht leis an Tromdhámh á aoradh agus á aithisiú óir níor iarradh air riamh achainí ba dhoilí leis ná na miana a d'iarr Muireann. Ghabh sé ag guí Dé go dúr díochra faoina fhóirithin ón éigean sin agus faoi mhian gach aon duine den chliar a fháil. Agus rinne an laoi bheag seo agus é go hatuirseach i bhFionnaireagal na Féile:

> Dursan dom, a mhic mo Dhé,
> Gach dámh 'tháinig sonn inné;
> Trí caogaid éigeas, doirbh dámh,
> A tháinig sonn le Seanchán.
>
> Cé gur mór de dhámha crua
> 'Tháinig go Durlas Ghuaire,
> Cluiche is gáire líon gach neach
> Nó gur tháinig an chailleach.[9]

---

[8] Cé nach fios go baileach cá bhfuil an áit seo, cá bhfios nach ionann é agus Teampall Cholmáin Mhic Duach, ag Cinn Aille, idir an Carn agus Ucht Máma i bparóiste an Chairn, Co. an Chláir?

[9] .i. Muireann.

Mór an fheidhm fár thugas láimh,
Freastal cliar an bheatha bháin;
Dá dtéadh óm' thigh neach gan ní,
M'fheidhm 'gus inniu is neamhní.

Céard fár thug Rí geal gréine
A dheilbh dhealfa ormsa féin,
Ó nach dtabharfadh dom, Dia dil,
Aon ní a dhídneodh m'aghaidh?

Do gheallas do Mhac Muire
Nach ndiúltóinn le dreach duine,
Dá mbaineadh sé díom mo bhladh,
Cé nach dó féin ba dhursan?

Ansiúd do Ghuaire go maidin gur chuala toirm is
treathan an aon-óglaigh chuige. Is é a bhí ann Marbhán
Muicí, naomh, fáidh, agus file, mogh dílis do Dhia,
mac máthar agus muicí do Ghuaire. I nGleann an
Scáil[10] a bhí a chónaí. Is é a d'fhóireadh Guaire as
gach deacair, agus is é a chuidigh leis ón gcéad lá faoi
ríghe Chonnacht a fháil dó. Gach míghníomh a

---

[10] Ní fios go cinnte cá bhfuil an áit seo ach de réir an scéil ní
raibh sé i bhfad ó Dhurlas Guaire. Cá bhfios nach thiar i
mBoirinn a bhí, in aice le Teampall Cholmáin Mhic Duach, ag
Cinn Aille, idir an Carn agus Ucht Máma i bparóiste an
Chairn, Co. an Chláir? Tá áit darb ainm Gleann an Scáil i
bparóiste Órán Mór, i gCo. na Gaillimhe, ach ní dócha gurb
ionann an dá áit ó tharla taobh amuigh d'Uíbh Fhiachrach
Aidhne an Gleann sin.

ghníodh Guaire, is é Marbhán a leasaíodh. Is é an fáth a raibh sé ina mhuicí mar gurbh fhusaide dó creideamh is crábhadh a dhéanamh é a bheith ina mhuicí i bhfiodh is i bhfásach.

Bheannaigh sé do Ghuaire.

'Faoin gcuma chéanna duitse, a Phríomhfháidh Neimhe is Talún,' arsa Guaire leis.

'A Ghuaire ghlain, a dheartháir liom, cén brón sin ort?'

'Ní brón go dtí é, a Mharbháin dhil. Mian a tharla do dhuine de lucht na Tromdháimhe.'

'Céard í an mhian nó cé dó ar tharla?'

'Do Mhuireann,' arsa Guaire, 'baintreach Dhalláin agus buime na cléire.'

'Ise is túisce ab áil linn bás a fháil díobh,' arsa Marbhán de mhungailt faoina fhiacla. 'Agus céard í an mhian?' ar sé.

'Scála de lionn leamhnachta agus smior as murnán muice allta.'

'Is deacair an mhian sin a fháil ach más deacair féin, gheofar agamsa i nGleann an Scáil é. Ach b'fhéidir le Dia go sásódh an méid sin í.'

'Ní shásóidh ná é óir shir sí ní eile.'

'Níor shir?'

'Murar shir! D'iarr sí peata cuaiche a bheith ag ceiliúradh ar chrann eidhinn ina fianaise.'

'Murar suaithinseach an tráth di a bheith á iarraidh sin anois, idir dhá Nollaig!' arsa Marbhán, 'ach más ea féin, is aithnid dúinne an t-ionad a bhfuil sin. Ach b'fhéidir le Dia go sásódh an méid sin í.'

'Ní shásóidh ná é óir shir sí ní eile.'

'Níor shir?'

'Murar shir! Each riabhach faoi mhoing chorcra a bheith fúithi. Ceithre cosa gléigeala faoin each agus í a bheith ag crónán roimpi isteach go Durlas.

'Sa teach céanna atá an dís sin,' arsa Marbhán, 'an peata cuaiche agus an t-each riabhach.'

'Cé aige a bhfuilid?'

'Ag Dear Dhamhma iníon Iúdáin, do leannán cumhachtach[11] féin.'

'Más aici,' arsa Guaire, 'gheofar.'

'B'fhéidir le Dia ach a bhfaighe sí an méid sin go sásófaí í.'

'Ní shásófar ná é óir shir sí ní eile.'

'Níor shir? D'éis an pheata cuaiche agus an eich riabhaigh?'

'Nach ea! D'iarr sí éide ildathach a bheith uimpe de líon an damháin alla.'

'Gheofar sin agamsa i nGleann an Scáil,' arsa Marbhán, 'agus b'fhéidir le Dia ach a bhfaighe sí an méid sin go sásófaí í.'

'Ní shásófar ná é óir shir sí ní eile.'

'Níor shir? D'éis an méid sin ar fad?'

---

[11] Cumhachtach: draíochta.

'D'éis an méid sin ar fad, nár iarr sí a teanneire a bheith ar mhuin an eich riabhaigh agus crios ina timpeall de mheall blonaige toirc gléigil.'

'Níor shir sí sin? Crios de mheall blonaige toirc gléigil?' arsa Marbhán.

'Murar shir!' arsa Guaire.

'Mo mhallacht ar an té a shir,' arsa Marbhán, 'agus guímse Rí Neimhe is Talún nár fhóna an mhian sin di óir is agamsa atá an torc sin agus is deacair dom a mharú mar gur buachaill dom é, gur lia, gur oirfideach.'

'Conas is buachaill duit é?' arsa Guaire.

'Is furasta a mhíniú,' arsa Marbhán. 'Is buachaill dom é óir an t-am a dtagann na muca ar fud Ghleann an Scáil agus a mbíonn leisce ormsa, beirim buille de mo chois ann agus téann sé i ndiaidh na muc. Tá naoi ndoirse ar Ghleann an Scáil agus ní heagal do mhuc díobh gadaí ná coibhdhean ná faolchú go gcuireann sé an mhuc dheireanach díobh isteach. Ar an gcuma sin, is buachaill dom an torc sin.'

'Conas is lia duit é?' arsa Guaire.

'Is furasta a mhíniú,' arsa Marbhán. 'Is lia dom é óir an t-am a dtigimse ó na mucaibh san oíche agus nach bhfágann drisleach Ghleann an Scáil leathar ar mo chosaibh, tig seisean chugam go gcuireann a theanga le mo chosaibh. Agus dá mbeadh agam gach táithlia agus gach uinnimint dá bhfuil ar feadh an bheatha bhraonaigh, is túisce sláinte dom a theanga siúd le mo chneas ná a bhfuil de bhalsam agus d'éilicsir faoi rothaí na gréine. Ar an gcuma sin, is lia dom an torc sin.'

'Conas is oirfideach duit é?' arsa Guaire.

'Is furasta a mhíniú,' arsa Marbhán. 'Is oirfideach dom é óir an t-am a mbíonn saint chodalta ormsa, beirim buille de mo chois dó agus cuireann sé a dhroim faoi agus a tharr in airde go gcanann crónán dom. Agus is binne liom ná téada meannchruite[12] i lámha suadh á síorsheinm an ceol a chanann sé siúd dom ach a dtagann an tsaint chodalta úd orm. Agus ní hamháin sin ach más í an smólach an beithíoch is lia aiste cheiliúir ar domhan, is lia arís na crónáin atá aige siúd óir níl cinneadh go deo leis mar oirfideach. Ar an gcuma sin, is oirfideach dom an torc sin.'

Nuair a bhí an méid sin ráite aige, bhuail Marbhán a cheann faoi gur tháinig na deora lena ghrua.

'Is deacair domsa,' a deir sé, 'is deacair dom an beithíoch sin a mharú. Cuir-se féin teachta ar a cheann óir ní fhéadaimse a mharú.'

Thug seal ar socht ansin gur labhair ar deireadh.

'Ní soirbh liom a ndéantar don toisc seo, agus beirimse mo bhriathar duitse, a Ghuaire ghlain,' a deir sé, 'go dtabharfadsa cuairt lá is faide anonn go bruíon na Tromdháimhe a dhíoghail an toirc fhinn

---

[12] Cruit bheag de chineál éigin a bhí sa mheannchruit, is cosúil. Is ionann *meann* agus 'follas, réil, nó binn'.

ar an aos dána déanta duan sin, agus gura miste a bheas siad go bráth an chuairt sin!' D'éirigh sé ansin gur thug a aghaidh go malltriallach slaodchéimneach ar a áras i nGleann an Scáil.

Dála na Tromdháimhe, frítheadh trí bhíthin Mharbháin gach mian dár iarr: maraíodh torc fionn Mharbháin, agus cuireadh an bhlonag ar mhuin na caillí go ndeachaigh, agus a heach ag crónán roimpi, go Durlas. Ach má cuireadh agus má chuaigh, ba é *eire na caillí den bhlonag* aici é, mar a deir an seanfhocal, óir tharla ar chlochán corrach í ar a slí don bhaile sin gur thit a heach agus gur tharla í féin fúithi, gur bhris cnámh a láirige agus a rí agus a muiníl gur thit mín marbh ar lár. A hiomthúsa go nuige sin sonn, dar íoth.

     ⓖ   ⓖ   ⓖ

CHINN DIA GO N-ÉIREODH GRIAN AS CRÉ, agus ó chinn, tharla mian do dhuine de mhuintir na Tromdháimhe, do Mheadhbh Neoideach iníon Sheancháin, gur lig mairg mhór aisti. D'fhreagair a hathair í: 'Céard sin ort, a iníon?' ar sé.

'Mian a tharla dom,' a deir sí, 'agus mura bhfaightear an mhian sin, ní buan i bhfad beo mé.'

'Abair an mhian,' arsa Seanchán.

'Mian nach mór, a athair liom. Lán binne mo bhrait a bheith agam de sméaraibh corra ciardhubha'

— san fhaoilleach a caitheadh an chaint sin — 'agus go mbeinn ag dul romham go Durlas agus gurbh amhlaidh a gheobhainn muintir Ghuaire agus iad i saoth agus i ngalar ar mo chionn,' ar sí.

'Tuige a ndeir tú a leithéid, a iníon?' arsa Seanchán, 'faoin té nach ndeachaigh trá féile ná dísc garta air ó ghabh flaitheas?'

'Is furasta a mhíniú, a athair,' arsa Meadhbh. 'Ar nós na neantóige domsa, an dtuigeann tú, óir an té a ghníonn teach ina haice, ní fearr léi neach dá loisceann ná an té sin. Is amhlaidh sin domsa freisin; ní fearr liom duine a gheobhadh bás ar dtús ná an té a thugann maoin is mórmhaitheas dom.'

Mar seo dóibh ansin:

Is méanar dó, a d'íosfadh
A sháith féin de na sméaraibh,
'S a bhéarfadh leis dá áras
Lán a bhrait ar a bhéalaibh.

Ná habairse sin, a Mheadhbh,
A iníon lúchair lámhgheal,
—Díth ar Ghuaire nó a dhaoine—
Fuaireamarna so-mhaoine.

Cosúil le neantóg mise
Ó nach bhfásann go haonraic,
Loiscfear ann lucht a láithreach,
Loiscfear ann cách in idirchéin.

Is amhlaidh is maith gach ciall
Do neach 'ghineas, a iníon,
Fásfaidh 'na dhearbh, 'na dhéanamh,
Nach n-abróidh cách 'Is méanar'.

'Ní cheilfead gur banchomhairle, mar a dúirt an té a dúirt,' arsa Seanchán ina intinn féin ach smid níor labhair — ba í a iníon dhílis féin í tar éis an tsaoil.

ANSIÚD DÓIBH GO MAIDIN. DHÚISIGH Guaire le héirí gréine gile gur bhain searradh as féin ó rinn go sáil, gur éirigh. Anonn leis ansin, mar ba ghnách, go bruíon na Tromdháimhe gur fhiafraigh ar shiúl isteach dó: 'Conas atáthar ag an muintir mhór mhaith seo inniu?'

'A Ghuaire ghrua-ghlain, ar rug do chlú geall thar gach aon le barr oinigh, ní rabhamar riamh uair is measa a bheimis.'

'Tuige sin, a Sheancháin?' arsa Guaire.

'Mian a tharla do dhuine againn,' arsa Seanchán.

'Cé dó ar tharla an mhian sin?'

'Do m'iníonsa, do Mheadhbh Neoideach.'

'Céard í an mhian?' arsa Guaire.

'Lán binne a brait de sméaraibh corra ciardhubha i lár an fhaoilligh agus do mhuintir féin a bheith i saoth agus i ngalar ar a cionn i nDurlas,' arsa Seanchán.

'Ní féidir,' arsa Guaire, 'na miana sin a fháil, ní féidir.'

D'IMIGH LEIS ANSIN ÓN MBRUÍON AMACH
go dubhach dobrónach. Níor chian a ráinig gur
tharla Marbhán dó.

'Mochean duit, a Ghuaire,' arsa Marbhán.

'Faoin gcuma chéanna duitse, a Phríomhfháidh
Neimhe is Talún.'

'Cén brón sin ort, a Ghuaire ghlain, a dheartháir
liom?'

'Ní brón go dtí é, a Mharbháin dhil. Mian a
tharla do dhuine de lucht na Tromdháimhe.'

'D'éis an toirc fhinn ón?'

'Is ea,' arsa Guaire, 'd'éis an toirc fhinn.'

'Céard í an mhian nó cé dó ar tharla?'

'Do Mheadhbh Neoideach, iníon Sheancháin.
Lán binne a brait de sméaraibh corra ciardhubha i
lár an fhaoilligh.'

'Gheofar sin agamsa i nGleann an Scáil,' arsa
Marbhán.

'Conas sin?'

'Déarfadsa leatsa a ábhar sin,' a deir Marbhán. 'Lá
dá rabhais-se ag seilg i nGleann an Scáil agus cú ar
éill agat go bhfaca sí an beithíoch agus gur thug
tarraingt ortsa. Bhí drisleach id' fharradh agus
tharraing sé do bhrat díot gur ligis-se leis go héasca é
óir níor éarais neach um ní riamh, agus ní dhearnais-
se ach dul uaidh nuair a tháinig mise a fhad leis.
Agus nuair a tháinig, céard a gheobhainn ar an tor
ach barr breá sméara dubha? Chuireas mo bhrat

anuas air ionas nár bhain doineann ná deardan ó shin i leith leis trí chumhachtaibh Dé. Agus an chuid ba dhearg an lá sin díbh, is dubh anois, agus an chuid ba dhubh, tá blas meala anois orthu. B'fhéidir le Dia ach a bhfaighe sí na sméara go sásófaí í.'

'Ní shásófar óir shir sí ní eile,' arsa Guaire.

'Níor shir!'

'Murar shir!' arsa Guaire. 'Mo mhuintirse a bheith i saoth agus i ngalar ar a cionn ach a dtaga go Durlas.'

'Is deacair sin a iarraidh,' arsa Marbhán, 'ach éirighse romhat anocht go Fionnaireagal na Féile agus rachadsa go Gleann an Scáil, agus guímis araon Ardrí Neimhe is Talún faoi do mhuintirse a bheith i saoth agus i ngalar ach a mbeith slán ar an láthair chéanna.'

D'imigh leo ansin go ndéanfaidís achairt dhíochra dhúthrachtach ar Dhia an oíche sin. Níorbh achairt in aisce dóibh sin óir fuair Meadhbh na sméara gur tháinig go Durlas go bhfuair muintir Ghuaire mar a d'iarr agus airí báis ar gach duine díobh trí eadarghuí Ghuaire agus Mharbháin. Ach níor shásaigh an méid sin féin í, agus ní dhearna ar deireadh ach an baile sin a fhágáil ó tharla a sláinte faighte arís ag muintir Ghuaire go léir idir fhir is mhná. Níor imigh uathu ach í.

D'IMIGH SIN ANN FÉIN. CHINN DIA GO n-éireodh grian as cré, agus ó chinn, tharla mian eile do dhuine de chuid na Tromdháimhe, do Bhríd iníon Ónaithchearna, banchéile Sheancháin, gur lig mairg mhór aisti.

'Céard sin ort, a bhanfhlaith?' arsa Seanchán léi.

'Mian a tharla dom,' a deir sí, 'agus mura bhfaightear é, ní buan i bhfad beo mé.'

'Abair an mhian,' arsa Seanchán.

'Mo sháith a fháil,' a deir sí, 'de shaill loin uisce,' arsa Bríd.

'An leor leat sin, a Bhríd?' arsa Seanchán.

'Ní leor. Mo sháith eile de bhó chluasdearg ghléigeal gan ae inti, ach geir in ionad a hae.'

'Ní suaill sin, a Bhríd,' arsa Seanchán, 'ach an leor leat é?'

'Ní leor. Mo sháith de shúthaibh dearga agus de chaoraibh corcra, agus gurbh í an deoch a gheobhainn ina ndiaidh mil na féithleann. Sin é mo leor.'

'Is deacair an mhian sin a fháil,' arsa Seanchán, 'óir ní haon-mhian amháin sin ach greas de mhianaibh iontacha nach furasta a fháil.' Ansiúd dóibh go maidin.

Dhúisigh Guaire le héirí gréine gile arna mhárach gur bhain searradh as féin ó rinn go sáil, gur éirigh. Anonn leis, mar ba ghnách, go bruíon na Tromdháimhe gur fhiafraigh ar shiúl isteach dó: 'Conas atáthar ag an muintir mhór mhaith seo inniu?'

'A Ghuaire ghrua-ghlain, ar rug do chlú geall thar gach aon le barr oinigh, ní rabhamar riamh uair is measa a bheimis.'

'Tuige sin, a Sheancháin?' arsa Guaire.

'Mian a tharla do dhuine againn,' arsa Seanchán.

'Cé dó ar tharla an mhian sin?'

'Do dhuine de mhuintir na Tromdháimhe, do Bhríd iníon Ónaithchearna, mo bheansa féin.'

'Céard í an mhian?'

D'inis Seanchán sin dó.

'Níl i ndán na miana sin a fháil.'

Tháinig roimhe go tuirseach ón mbruíon amach. Níor chian a ráinig gur tharla Marbhán dó.

'Mochean duit, a Ghuaire,' arsa Marbhán.

'Faoin gcuma chéanna duitse, a Phríomhfháidh Neimhe is Talún.'

'Cén brón sin ort, a Ghuaire ghlain, a dheartháir liom?'

'Ní brón go dtí é, a Mharbháin dhil. Mian a tharla do dhuine de lucht na Tromdháimhe.'

'D'éis an toirc fhinn ón?'

'Is ea,' arsa Guaire, 'd'éis an toirc fhinn.'

'Céard í an mhian nó cé dó ar tharla?'

'Do Bhríd iníon Ónaithchearna, banchéile Sheancháin. A sáith a fháil de shaill loin uisce agus a sáith eile de bhó chluasdearg ghléigeal gan ae inti, ach geir in ionad a hae.'

'Dána an mhaise di, muis,' arsa Marbhán, 'ach

b'fhéidir le Dia ach a bhfaighe sí an méid sin go sásófaí í.'

'Ní shásófar ná é óir shir sí ní eile.'

'Níor shir?

'Murar shir!' arsa Guaire. 'A sáith de shúthaibh dearga agus de chaoraibh corcra.'

'Ní sotal go dtí é!'

'Ní hea, dar sotal.'

'Is cuma, agus cé gur deacair sin a iarraidh, is aithnid domsa áit a bhfuil sin le fáil,' arsa Marbhán.

'Cén áit é sin?'

'Ag cailleachaibh Thuaim Dhá Ghualann óir tá naoi bhfichid cailleach in aon-teach ansin agus tig a sáith siúd uile as aon bhleán amháin den bhó sin. Agus ní hí an bhó úd amháin atá acu, ach is acu freisin atá an lon ón. Agus tráth a ligeann an chailleach faoi dheoidh díobh ar codladh, canann an lon ceol dóibh, agus is ceol é sin lena gcodlódh fir ghonta agus mná in íonaibh ar a bhinne is ar a shéimhe. Agus is deimhin dá dtugtá-sa naoi bhfichid bó chluasdhearga ghléigeala dóibh agus lao gach bó díobh sin gurbh fhearr a mbó siúd ná sin nó dá dtugtá naoi bhfichid lon dóibh gurbh fhearr a n-aon-lon siúd ná iad. B'fhéidir le Dia ach a bhfaighe sí an méid sin go sásófaí í.'

'Ní shásófar ná é óir shir sí ní eile.'

'Níor shir?'

'Murar shir! D'iarr sí gurbh í mil na féithleann an deoch a gheobhadh sí i ndiaidh na sútha is na gcaor.'

'Dána an mhaise di sin.'

'Ní dána go dtí é, dar dána!'

'Is cuma, agus cé gur deacair sin a iarraidh, gheofar sin agamsa i nGleann an Scáil,' arsa Marbhán.

Frítheadh.

Frítheadh na miana sin uile amhail a thairngir Marbhán gur tugadh naoi bhfichid bó agus naoi bhfichid lon do na cailleachaibh ar son a n-aon-bhó agus a n-aon-loin. Agus cé go ndúradar maithe fhear nÉireann araon nárbh fhiú an Tromdhámh uile an dias sin a mharú, agus gur thrua le cách an gníomh sin a dhéanamh, is amhlaidh a rinneadh ar deireadh. A n-iomthúsa go nuige sin sonn.

MIAN SHEANCHÁIN

CHUAIGH CAITHEAMH AR AN AIMSIR AGUS ba ghearr arís gur tharla mian eile do dhuine de mhuintir na Tromdháimhe, do Sheanchán féin, gur lig mairg mhór as. Gheit an Tromdhámh uile in éineacht gur fhiafraíodar céard ba chor dó.

'Mian a tharla dom,' a deir sé, 'agus mura bhfaightear sin, ní buan i bhfad beo mé.'

'Abair an mhian, a Rí-Ollaimh,' a deir siad.

'Mo sháith a fháil dom féin agus daoibhse, a chliar, agus do mhaithibh Chonnacht, de choirm aon-ghráinne, agus mo sháith de shaill muice nár rugadh fós. Mura bhfaightear sin sula dté an tráth ina chéile, caillfear mé.'

'Dia linn! Dia linn!' arsa an Tromdhámh d'aitheasc aonfhir. 'Dá gcaillfí an máistir!'

Bhí Guaire an oíche sin ina luí go suansocair suantrom sámhshuaimhneach ina shuanlios seascair gur taibhsíodh dó mian sin Sheancháin gur chuir as a chodladh de phreab fhuascrach é. Fuireach leis an lá ní dhearna ach teacht caol díreach ar luas lasrach d'ionsaí na bruíne gur fhiafraigh ar shiúl isteach dó, mar ba ghnách, 'Conas atáthar ag an muintir mhór mhaith seo inniu?'

'A Ghuaire ghrua-ghlain, ar rug do chlú geall thar gach aon le barr oinigh, ní rabhamar riamh uair is measa a bheimis.'

'Tuige sin, a Sheancháin?' arsa Guaire.

'Mian a tharla do dhuine againn,' arsa Seanchán.

'Cé dó ar tharla an mhian sin?'

'Do Sheanchán Seanfhile, don Rí-Ollamh é féin,' arsa Seanchán.

'Mo thrua é, mar Sheanchán,' arsa Guaire. 'Céard í an mhian?'

'A sáith a fháil dó féin agus dá chliar agus do mhaithibh Chonnacht de choirm aon-ghráinne agus a sáith de shaill muice nár rugadh fós.'

Ba dhíol dobróin is domheanmna do Ghuaire an méid sin a chlos óir níor shíl sé go bhféadfaí na miana sin a fháil.

⊚ ⊚ ⊚

D'IMIGH LEIS ANSIN ÓN MBRUÍON AMACH go dubhach dobrónach. Níor chian a ráinig gur tharla Marbhán dó.

'Cén brón sin ort, a Ghuaire?'

'Mian a tharla do dhuine de lucht na Tromdháimhe,' arsa Guaire.

'D'éis an toirc fhinn ón?'

'Is ea,' arsa Guaire, 'd'éis an toirc fhinn.'

'Céard í an mhian nó cé dó ar tharla?'

'Do Sheanchán Seanfhile féin,' arsa Guaire. 'A sáith a fháil dó féin agus dá chléir agus do mhaithibh Chonnacht de choirm aon-ghráinne.'

'Is deacair an mhian sin a fháil,' arsa Marbhán, 'ach más deacair féin, gheofar agamsa i nGleann an Scáil é.'

'Conas sin?'

'Déarfadsa leatsa a ábhar sin, a Ghuaire ghlain,' arsa Marbhán. 'Lá dá raibh do reachtaire féin, Guaire Beag-Oinigh, ag teacht ó chur síol gur mhothaigh cnap faoi bhonn a bhróige. Céard a bheadh ach gráinne cruithneachta nár mhó dearcán daraí ná é. Thug sé leis ar ais chugamsa é. Clannaíodh liomsa i dtalamh é an bhliain sin gur tháinig as an bhliain dár gcionn seacht bpríomhdhiasa fichead. Tá sé sin aon bhliain déag ó shin agus níor ligeas aon arbhar tríd ó shin, agus tá ceithre phríomhchruacha de thoradh an aon-ghráinne sin agamsa, agus chuireas fleá mhórchaoin á déanamh i nGleann an Scáil, agus is dóigh liomsa dá dtagadh maithe Chonnacht ar fad le chéile in aon áit amháin go bhfaighidís a ndóthain bia agus dí ó thoradh an aon-ghráinne sin.'

'B'fhéidir le Dia ach a bhfaighe Seanchán an méid sin go sásófar é.'

'Ní shásófar ná é óir shir sé ní eile.'

'Níor shir?'

'Murar shir!' arsa Guaire. 'D'iarr sé a sháith a fháil

dó féin agus dá chliar agus do mhaithibh Chonnacht de shaill muice nár rugadh fós. Mura bhfaightear sin sula dté an tráth ina chéile, ní fearrde a fháil go bráth.'

'Gheofar sin agamsa i nGleann an Scáil,' arsa Marbhán.

'Conas sin?'

'Déarfadsa leatsa a ábhar sin,' arsa Marbhán. 'Lá dá ndeachaidh bantaoiseach do mhuc a bhreith arc ar fud Ghleann an Scáil gur tharla dá chéile í féin agus faolchú san fhíobha. Thug an cú tarraingt don mhuic gur lig a habach is a hionathar léi. Agus thug an mhuc tarraingt don chú gur bhain a ceann di. Agus ní dhearna siad araon ach comhthitim agus mise ag teacht chuca go bhfuaireas máithreach na n-arc ar an talamh agus gach arc díobh ag tabhairt tuinsimh ar a chomhair. Ligeas-sa amach as an máithreach iad, naoi n-airc fhireanna agus aon arc baineann amháin, ach mharaigh mé an t-arc baineann óir ba mheasa cineál í ná na hairc fhireanna. Tá naoi mbliana caite ó shin agus tá siad sin ina naoi dtorc liatha lúbfhiaclacha anois, agus is dóigh liomsa dá dtagadh maithe Chonnacht go haon-láthair go bhfaighidís a leordhóthain de shaill na muc sin. Agus tabhairse rogha dóibh an fhleá sin a thíolacadh chucu nó teacht á caitheamh go Gleann an Scáil.' Shocht Marbhán leis sin.

ACH NÍ DO MHAITHIBH CHONNACHT ACH
don Tromdhámh féin a tugadh an rogha sin ar
deireadh; dúirt an Tromdhámh gur fhóbadar maithe
Chonnacht a aoradh trína rá go bhfaighidís siúd a
mbruíon féin. Tugadh an fhleá sin a fhad le maithibh
Chonnacht agus suíodh ar bhreith Sheancháin iad;
ghabh siad ag ól agus ag aoibhneas agus a rogha
ealaíne is oirfide le fáil ón Tromdhámh ag gach uasal
is íseal díobh.

Trí lá is trí oíche dóibh ar an ordú sin. Nuair a
chonaic Seanchán a raibh de bhia agus de dheoch á
chaitheamh ag an ngiollanra agus ag daoscarshlua
Chonnacht, ghabh doicheall mór é go ndúirt le
teann fuatha is formaid nach gcaithfeadh bia ná
deoch nó go gcuirfí maithe Chonnacht as an mbaile
amach láithreach.

Cuireadh.

Ach má cuireadh féin, níor leor sin le Seanchán. Trí
lá agus trí oíche ansiúd dó dá éis sin gan bhia gan
deoch. Arsa Guaire ansin le teann taise is trócaire dó: 'Is
trua linn,' a deir sé, 'an Tromdhámh uile ag caitheamh
bia i dtimpeall Sheancháin agus é féin ina throscadh.'

Leis sin, chuir sé dalta muirneach dá chuid chuig
Seanchán, go ndúirt leis bior fada fionnchoill a
ghabháil chuige agus gé a chur air, agus dhá dtrian
an bheara roimhe agus aon trian ina dhiaidh, agus
dul á róstadh i bhfianaise Sheancháin. As leis an
macaomh go hairm a raibh Seanchán.

'Céard is áil leat don ghé sin?' arsa Seanchán.

'A hullmhú duitse, a Rí-Ollaimh,' arsa an macaomh.

'Agus tuige gur tusa a cuireadh ar an toisc sin?' arsa Seanchán.

'Duine go gcaoinbhéasaibh, go nglaine, agus go scéimh ab áil le Guaire le do chuidse.'

'Is dóigh linn, más ea,' arsa Seanchán, 'nach bhfuair sé sa bhaile duine ba mhísciamhaí ná thusa.'

'Cén t-údar a ndeir tú sin, a Rí-Ollaimh?' arsa an macaomh.

'Tá,' a deir sé, 'bhí eolas agam ar do sheanathair agus bhí sé meall-ingneach; bhí eolas agam ar do sheanmháthair agus bhí sise í féin meall-ingneach, agus ó bhí, ní chaithfeadsa aon bhlas as do láimhse.'

D'imigh leis ansin an macaomh go domheanmnach diomachroíoch gur inis an méid sin do Ghuaire. B'olc le Guaire mar a chaith Seanchán leis an macaomh ach smid níor lig as a bhéal. Ciúin críonna.

ANSIÚD DÓIBH GO CEANN TRÍ LÁ IS TRÍ oíche eile gur ghair Guaire chuige ar deireadh dalta eile dá chuid, iníon Bhig. 'Beir leat, a iníon,' a deir sé léi, 'plúr cruithneachta is eochraí bhradáin agus téirigh chuig Seanchán go bhfuine tú ina fhianaise iad.'

As leis an iníon go hairm a raibh Seanchán.

'Céard ab áil leat dó sin, a iníon?' arsa Seanchán agus pus air.

'A ullmhú duitse, a Rí-Ollaimh,' ar sí.

'Agus tuige gur tusa a cuireadh ar an toisc sin?' arsa Seanchán.

'Duine go gcaoinbhéasaibh, go nglaine agus go scéimh ab áil le Guaire le do chuid duitse.'

'Is dóigh linn, más ea,' arsa Seanchán, 'nach bhfuair sé sa bhaile seo an dara macaomh is mísciamhaí ná thusa ach an té a tháinig romhat ansin!'

'Cén t-údar a ndeir tú sin, a Rí-Ollaimh?' arsa an iníon.

'Tá,' a deir sé, 'bhí eolas agam ar do sheanmháthair. Bhí sí an lá seo ina suí ar charraig ard ag teagasc eolais do lobhair, agus shín sí a lámh a theagasc an eolais dóibh, agus ó rinne sí a leithéid, cén chúis a bheadh agamsa bia a chaitheamh as do láimhse?'

D'imigh léi ansin an iníon go domheanmnach diomachroíoch gur inis an méid sin do Ghuaire. B'olc leis mar a chaith Seanchán léi. 'Mo mhallacht ar an mbéal a dúirt leat sin! Guím Ard-Rí Neimhe is Talún sula dté Seanchán den dubhithir dhuthain seo go dtuga a bhéal féin póg do bhéal lobhair!'

Bhí Seanchán lá go n-oíche ina dhiaidh sin gan bhia gan deoch nó go ndúirt Bríd iníon Ónaithchearna, a bhanchéile dílis féin, lena bean friothála a fuíoll féin a bhreith chuig Seanchán. Bé Fhuíll ab ainm di.

Rug.

'Cén fuíoll atá agat?' arsa Seanchán.

'Ubh chirce,' arsa Bríd.

'Is beag nach bhfuil mo sháith ansin,' arsa Seanchán, 'agus ní beag liom é adrásta.'

As leis an mbean friothála ansin ar cheann na huibhe. Chaith sí i bhfad ag iarraidh an fhuíll, ach má chaith, ní bhfuair. Ar ais léi chuig Seanchán. 'Níl tásc ná tuairisc ar an bhfuíoll úd, a Rí-Ollaimh,' ar sí.

'An é nach bhfuil? Chaithfeadh sé, mar sin, gur tú féin atá á longadh.'

'Ní mé, a Rí-Ollaimh,' arsa Bé Fhuíll, 'ach tuatha daithe. Tuatha daithe a duaidh.'

'Tuatha daithe a duaidh,' arsa Seanchán de ghlór garbh grágach. 'Ach cá bhfuair tusa an chaint sin? Na lucha a d'ith, a chlaibseach, na lucha a d'ith — sin é ab áil leat a rá!'

'Na lucha a d'ith, a Rí-Ollaimh,' arsa Bé Fhuíll le teann eagla is uamhain.

Ba chuma. Bhí an sop séidte óir nuair a chuala Seanchán an méid sin, chuaigh sé le buile is le báiní.

'Níor chóir dóibhsean sin,' a deir sé, 'arae cheana, níl rí ná flaith dá fheabhas nár mhaith leo siúd sliocht a bhfiacal a bheith ar a chuid, agus is ainbhfiosach dóibh a bheith amhlaidh óir ní hinchaite do neach bia tar éis a bhfiacal siúd. Aorfaidh mé iad,' arsa Seanchán, 'agus is furasta an obair í sin.'

Gur ghabh á n-aoradh mar seo:

Seanchán:

    Lucha, cé géar a nguilbne,

    Ní tréan iadsan i gcathaibh;

    Tabharfad tréanbhás don bhuíon sin

    I ngeall ar longadh fhuíoll Bhríd.

An luch:

    Is beag den fhuíoll a d'fhágais,

    Nuair nach tuireann a thréigis,

    Gabh iocht uainn is gabh luighe;

    Ná haor sinn uile, a éigis!

Seanchán:

    A luch úd atá sa fhraigh,

    A ghníonn gleo ó thig oíche;

    Is tusa, a ingneach rí-ghearr,

    A duaidh m'fhuíollsa le fala.

An luch:

    Mo mhacsa Bianán Broinngheal,

    Seasgach na rialán ró-ghlan;

    Ag an gcléir ró-mhór ruithean

    Tá ar intinn é a mharú.

Seanchán:

    Folmhaígí gach log leathan,

    Táthar ar tí bhur bprofa;

    Éirígí uile sa fhraigh,

    Agus luígí, a lucha!

Tá sé sa seanchas coiteann ó shin gur thit deich gcinn de na lucha mín marbh i bhfianaise Sheancháin. Ach má thit féin, níor shásaigh sin Seanchán. Chuimhnigh sé arís air féin.

'Ní sibhse,' a deir sé, 'ba chóir domsa a aoradh ach an bhuíon ag a bhfuil bhur gcosc — tuatha cat — agus aorfadsa iad chomh maith, agus aorfad a dtriath agus a dtiarna agus a mbreitheamh, Iorasán mac Arasáin.'

⟨ೞ⟩   ⟨ೞ⟩   ⟨ೞ⟩

IN UAIMH CHNÓBHA, LASTOIR DE CHLUAIN Mhic Nóis Chiaráin, a bhí cónaí Iorasáin, lena bhanchat Riachaill Rinnfhiaclach iníon Clabaithinne, agus a n-iníon Reang Ghéarfhiaclach, agus lena bheirt dhearthái (an Crónánach as Cruachain agus Gruamán Garbhfhiaclach).

Amach le Seanchán le teann feirge agus gaisce os comhair na Tromdháimhe gur tharraing chuige a fhleasc fhileata fhiondruine, gur chroith, gur bheartaigh, is gur bhagair í, gur chan de sheamsán monabhrach:

> Iorasán, an t-aitheach ingneach,
> Fuíoll dobhair,
> Eireaball bó buach,
> Ara le hara,
> Aitheach le hIorasán.

Bhí ina shocht ansin go ceann tamaill nó gur labhair duine den Tromdhámh ar deireadh, 'Is maith í an aoir, a Sheancháin,' ar sé, 'an té a thuigfeadh í!'

'Cibé a ghníonn an fordheargadh file, is dó féin is cóir a mhíniú, agus ós mé a chum, is mé a chiallós!' arsa Seanchán.

D'iaigh an Tromdhámh uime ansin go ndúradar d'aitheasc aonfhir, 'Labhair, a aitheascail, labhair!'

Mar seo dó ansin:

'Iorasán, an t-aitheach ingneach a dúirt mé óir nuair a bhíos an luch sa fhraigh, ní bhíonn aici ach gabháil dá hingne don fhraigh.

'*Fuíoll dobhair* a dúirt mé óir bhí sinsear na gcat uair amháin ar bhrú locha ina chodladh nuair a tháinig chuige an dobharchú gur bhain an dá chluais de ionas go bhfuil gach cat ó shin i leith ciotach cearbchluasach.

'*Eireaball bó buach* a dúirt mé óir ní luaithe eireaball bó faoi dháir ná a eireaball siúd tráth a dtéann an luch uaidh.

'*Ara le hara* a dúirt mé óir is amhlaidh a bhíos an luch agus an cat mar a bhíonn dhá each agus crios dlúth eatarthu, agus bíonn a chluas sise ag éisteacht leis-sean agus a chluas siúd ag éisteacht léise. Sin agaibh anois na haortha,' arsa Seanchán.

ⓢ ⓢ ⓢ

IOMTHÚSA IORASÁIN, BHÍ SÉ AN LÁ SIN ina sheasamh ag déanamh aeir is áineasa le Reang Ghéarfhiaclach ag Uaimh Chnóbha gur tháinig chuige meanma athghríobhach na n-aortha nimhe sin.

Agus nuair a tháinig, bhuail colg feirge é.

'Céard atá ort, a Dheaide?' arsa Reang leis.

'Seanchán suarach sin, a d'aor mé,' ar sé, 'agus ó d'aor, díoghlfadsa air é, a iníon liom.'

'Fóill ort, a Dheaide, fóill ort. B'fhearr linn,' a deir sí, 'go dtabharfá Seanchán ina bheatha chugainn go ndíoghlaimis féin na haortha air.'

Ar ndóigh, nuair a chuala Iorasán an chaint sin na hiníne, mhaígh a ghean gáire air gur lígh a dhá lapa go fonnmhar go ndúirt: 'Tabharfar, mar sin.' Ghluais roimhe as a aithle go ndúirt le Reang a dheartháireacha a chur ina dhiaidh.

Nuair a insíodh do Sheanchán go raibh Iorasán ar a shlí chun a mharfa, dúirt sé le Guaire teacht, agus maithe Chonnacht in éindí leis, á anacal ar Iorasán. Tháinig. D'iaigh siad uile ina thimpeall á anacal, mar ba ea, ar Iorasán. Agus níor chian dóibh amhlaidh nuair a chualadar an fothram fíochmhar fiáin mar a bheadh buinne tine mire mórdhéine ag mearloscadh ann, agus dar leo nach raibh i gConnachtaibh damh imeachtrach ba mhó ná é.

Leis sin, isteach le hIorasán, agus tabhair Iorasán air! Óir bhí sé srónmhaol sracúil séideánach bailc cearbchluasach cliabhleathan ard allta ionga-ghéar sleamhain srónbhearnach gearrfhiaclach garbh gobramhar udmhall tairptheach taobhleathan fuascrach feargach fíormhiscneach mearchrónánach cránsúileach. Siúd Iorasán ag déanamh orthu faoin gcuma sin go ndeachaigh ar fud cháich go coiteann agus sos ná stad ní dhearna nó gur tháinig mar a raibh Seanchán gur ghabh ar leathláimh é, gur theilg suas ar a mhuin é, agus gur ghluais leis ar ais arís an tslí chéanna as ar tháinig óir ní raibh de thoisc aige ach teacht ar cheann Sheancháin.

Nuair a thuig Seanchán a raibh i ndán dó, ní dhearna ach cromadh, mar a bheadh Iorasán féin á rá leis, ar mholadh Iorasáin as a léim, as a réim, as a rith, as a neart, as a chalmacht, agus as a thapa, go ndúirt:

Iorasán mac Arasáin!
De Shíol Fuighle Fithise;
Adhraimse don dia dá n-adhrann seisean,
Adhrann seisean do m'ithe-se!

Ach b'fholamh an fhaí sin aige óir níor lig Iorasán do Sheanchán turnamh de nó gur shroicheadar Cluain Mhic Nóis. Ar theacht ansiúd dóibh, cé a bheadh ina sheasamh i ndoras na ceártan agus Iorasán gona eire éigseach ag dul thar bráid ach Ciarán Chluana féin.

'Mór an scéal,' arsa Ciarán, 'oineach Ghuaire a bhá agus Ard-Ollamh Éireann ansiúd ag imeacht ar mhuin cait.'

Níor mhian le Ciarán a leithéid ionas gur thóg sé caor athleáite iarainn a bhí caite os comhair na teanchaire gur thug urchar ádhmhar urmhaisneach don chat go ndeachaigh an chaor trína thaobh isteach gur thit Iorasán mín marbh ar lár.

Anuas le Seanchán dá dhroim ansin gur lig as an briathar nimhe seo: 'Mo mhallacht,' a deir sé, 'ar an láimh a thug an t-urchar sin.'

'Tuige sin?' arsa Ciarán.

'Mar gur mór a ghoilleann sé orm,' a deir sé, 'nár ligeadh le hIorasán mé a ithe óir dá ligfí agus dá n-íosfadh, bheadh údar aortha Ghuaire ag an Tromdhámh. Óir b'fhearr liom Guaire a aoradh ná mé féin a bheith i mbeatha agus eisean a bheith gan aoradh.'

D'éirigh Seanchán ina sheasamh ansin gur chruinnigh chuige a dhámh mar a ghairfeadh máthair áil a héillín chuici gur ghluais leis go Durlas. Tharla go raibh maithe Chonnacht an lá sin ina suí amuigh ar fhaiche Dhurlais ag déanamh aeir is áineasa go bhfaca Seanchán ag déanamh orthu.

'Chugainn Seanchán,' arsa duine acu gur éirigh faoina dhéin le fáilte a fhearadh roimhe ach níor ghabh seisean póg ná fáilte ó aon neach díobh ach anonn leis caol díreach go bruíon na Tromdháimhe. Ar an ordú sin dó ar feadh atha gan easpa maitheasa ná fleadhaithe air. A iomthúsa go nuige sin sonn.

DÍOLTAS MHARBHÁIN

DÁ FHAD AN LÁ, TAGANN AN TRÁTHNÓNA. Chuaigh caitheamh ar an aimsir. Chinn Dia go n-éireodh grian as cré, agus ó chinn, tharla Marbhán i nGleann an Scáil gur labhair mar seo leis féin: 'Mo thrua is mo thuirse ach is maolú misnigh, mana mórchumha, agus maoithe mheanman a bheith ag machnamh agus ag midheamhain ar an muintir mhiscneach mhórghuthach mheiscbhriathrach sin agus ar a ndearnadar orm. Is fada ó gheallas dul a dhíoghail an toirc fhinn ar an Tromdhámh agus is mithid liom mo dhul chucu anois. Tagaim, más ea, go bruíon na Tromdháimhe, áit a bhfuil aos ealaíon Éireann, go gcuirfead a n-oilc agus a n-éagóra agus a n-ainbhfeasa ina n-aghaidh óir is trua liom méid a n-ainbhreath ar Ghuaire agus ar Chonnachtaibh agus ar shaorchlannaibh Éireann archeana óir nach é seanchas na scoile acu féin, ní háirím an seanchas coiteann, nár féadadh iad féin a iompar le méid a n-ainbhreath ar na ríthibh a tháinig romhainn?'

As leis ansin ar séad gur tháinig go Durlas Ghuaire. Ar a shlí anonn dó go bruíon na Tromdháimhe, tharla bantracht na bruíne dó ag ionladh a lámh sa tobar. Is í an chéad bhean díobh a tharla dó, Meadhbh Neoideach, iníon Sheancháin, í siúd a d'iarr lán binne a brait a bheith aici de sméaraibh corra ciardhubha i lár an fhaoilligh agus muintir Ghuaire a bheith i saoth agus i ngalar ar a cionn i nDurlas. Bheannaigh Marbhán di gur fhiafraigh cá háit a raibh bruíon na Tromdháimhe suite. Níor aithin sí é.

'Chaithfeadh sé, a óglaigh,' a deir sí le teann sotail, 'gur allúrach eachtrannach go deo an áit ar oileadh thú nuair nach n-aithníonn tú bruíon na Tromdháimhe agus nár chualais a scéala is a ceol.'

'Ní hé sin faoi deara dom é, a iníon,' arsa Marbhán, 'ach gur muicíocht is ord dom. Ach is cuma sin. Cluinim go bhfaigheann gach duine a rogha ceoil nó ealaíne faoi iamh na bruíne seo, agus ar thóir mo rogha ealaíne oraibhse a tháinig mise anseo.'

'Ní fhaigheann,' arsa Meadhbh, 'mura mbíonn a charadradh le héigse agus le healaín.'

'A charadradh le héigse is le healaín, an ea? *De grâce*, a mhuirnín! An é nach bhfuil a fhios agat gur le héigse atá mo charadradh féin? An é nach bhfuil a fhios agat gur iarmhó file a bhí i seanmháthair na mná atá i gcuing le mo ghiolla dílis féin?' a deir sé.

'Scéala sochair, más ea,' arsa Meadhbh leis. 'Isteach leat!'

Isteach leis i mbruíon na Tromdháimhe ansin ach ní faoi dhéin an dorais oscailte a ghabh ach ionsar an doras ab fhearr iata ar an mbruíon. D'éirigh an

chomhla roimhe. Is amhlaidh a chuaigh isteach agus
lán binne a bhrait de ghaoth leis, agus níor fhág sé ina
shuí ná ina sheasamh sa bhruíon istigh duine ná deoraí
nár tháinig scalach den ghaoth ina ucht. D'éirigh an
Tromdhámh uile in éineacht. D'éirigh Seanchán é
féin gur fhiafraigh cé a bhí tagtha in aghaidh na
gaoithe chucu isteach i mbruíon na Tromdháimhe.

'Nach ainbhfiosach sin,' arsa Marbhán, 'óir ní ina
haghaidh a thánag ach léi, agus a dhearbhú sin gur
thugas mórán di liom.'

'Ar thóir díospóide a tháinig tú, más ea,' arsa
Seanchán.

'Is ea,' arsa Marbhán, 'dá bhfaighinn a dhéanamh
leat. *Si vis pacem*, a dhiabhail, *para bellum!*[13]

'*Cave, diabole!*[14] Téanaim ort, más ea, a dhailtín!'
arsa Seanchán. 'Céard as ar frítheadh ar dtús an Dán?'

'As na Cnónna Seaghsa,' arsa Marbhán.[15]

Gheit Seanchán óir ghoin an freagra sin go mór
a aire. 'Gleic ní cóir le compánaigh! An bhfuil baol ar
bith gur tú Marbhán Muicí, Príomhfháidh Neimhe
is Talún?'

'Is mé, cheana.'

---

[13] .i. Más spairn is áil leat, a dhiabhail, bí ag téisclim faoina comhair!

[14] .i. Fainic, a dhiabhail!

[15] Meas na naoi gcoll caoinmheasa a bhíodh ag fás ag Tiobraid Seaghsa, an áit a n-éiríonn an Bhóinn, de réir na seanlitríochta. An té a bhlaiseadh díobh, bheadh aige aoi agus iomas (.i. ionsparáid). Is uathu a fuair an Bradán Feasa fios.

'Mochean duit, a Mharbháin.'

'Faoin gcéanna duit féin.'

'Cén sódh sin ort?'

'Chualas,' arsa Marbhán, 'go bhfaigheann gach duine a rogha ceoil nó ealaíne agaibhse faoi iamh na bruíne seo, agus thánagsa d'iarraidh mo rogha ealaíne oraibhse anseo.'

'Chuala tú an ceart. Gheobhair sin,' arsa Seanchán, 'ach do charadradh a bheith le héigse agus le healaín.'

'Mo charadradh a beith le héigse agus le healaín, an ea? *De grâce*, a Sheancháin mhúirnigh! An é nach bhfuil a fhios agat gur le héigse atá mo charadradh féin? An é nach bhfuil a fhios agat gur iarmhó file a bhí i seanmháthair na mná atá i gcuing le mo ghiolla dílis féin?'

'Scéala sochair, más ea,' arsa Seanchán, 'agus tabharfad duit do rogha ealaíne cé gur fada uait an gaol sin. Abair anois cén ealaín is áil leat.'

'Ní fearr liom ealaín dá bhfaighinn adrásta ná mo sháith crónáin,' arsa Marbhán.

'Ní fusa dóibh seo ealaín eile a dhéanamh duit ná sin,' arsa Seanchán.

Tugadh na crónánaigh chucu — trí naonúir a líon — agus b'áil leo ceartchrónán a dhéanamh ach níorbh é sin ab áil le Marbhán ach crónán snagach. Agus is é an fáth ar rug sé sin de roghain ionas go mbristí a gcinn is a gcosa agus a muiníl agus gur ghiorra a n-anáil ón gcrónán sin ná ón gceartchrónán.

Thosaigh orthu ansin na trí naonúir ag crónán ar an gcuma sin, agus nuair a d'fhóbraídís scor, sin é an uair a d'abraíodh Marbhán: 'Déanaidh ár sáith crónáin dúinn mar a gheallabhair, déanaidh ár sáith crónáin dúinn!'

ⓢ   ⓢ   ⓢ

BHÍ ALLAS LEIS AN TROMDHÁMH. ARSA duine díobh: 'Déanfaidh mise ealaín duit, a Mharbháin.'

'Cé thú féin?'

'Daol Dúileadh, Ollamh Laighean.'

'Cén ealaín ab áil leat a dhéanamh dom?'

'Ceastúnach[16] maith mé.'

'An ea, muis? An maith thusa ar an gceird sin?'

'Ní chuirfear ormsa ceist,' a deir sé, 'nach bhfuasclód agus ní chuirfeadsa istigh ceist a fhuasclós an Tromdhámh uile. Agus inis-se dom,' a deir sé, 'céard í an mhaith a fuair an duine as an talamh agus nach bhfuair Dia?'

'Is maith an cheist sin, a Dhaoil Dúileadh,' arsa Marbhán, 'ach ba cheist ar neach eile í óir fuasclóidh mise í más maith olc leat é. Is é an ní a fuair an duine as an talamh agus nach bhfuair Dia, a sháith de thiarna óir níor tháinig dá olcas ná dá fheabhas

---

[16] .i. an té a chuirfeadh ceist.

duine mura bhfaigheadh sé a sháith de thiarna saolta nach bhfaigheadh sé Rí Neimhe is Talún mar thiarna. Ach ní mar sin do Dhia óir ní bhfuair sé a sháith de thiarna riamh óir is é féin an tiarna os na tiarnaibh.'

'Ceist eile agam ort, más ea,' arsa Daol Dúileadh. 'Céard iad an dá chrann nach dtéann a mbarr glas díobh nó go gcríonaid?'

'Is maith an cheist sin, a Dhaoil Dúileadh,' arsa Marbhán, 'ach ba cheist ar neach eile í óir fuasclóidh mise í más maith olc leat é. Is iad an dá chrann nach dtéann a mbarr glas díobh nó go gcríonaid, Eo Rosa agus Fiodh Shidheang, iúr agus cuileann mar a thugann an daoscarshlua orthu.'

'Ceist eile agam ort, más ea,' arsa Daol Dúileadh. 'Céard é an beithíoch a bhíos sa sáile agus arb é a bhá a bhaint as an sáile agus arb é a bheatha a chur ann, agus céard é an t-ainmhí a bhíos sa tine agus arb é a loscadh a bhaint aisti agus arb é a bheatha a chur inti?'

'Cé nach ceist amháin ach péire sin, is maith iad, a Dhaoil Dúileadh,' arsa Marbhán, 'ach ba cheasta ar neach eile iad óir fuasclóidh mise iad más maith olc leat é. Is é an beithíoch dar bá a bhaint as an sáile an smugairle róin agus is é an beithíoch dar loscadh a bhaint as an tine an salamandar, nó *teigillis* mar a thugtaí i dtús aimsire air. Agus is é sin fuascailt na gceast a chuiris orm, a Dhaoil Dúileadh,' arsa Marbhán.

Dheargaigh Daol Dúileadh leis an méid sin.

'Mo choimirce ort, a Phríomhfháidh Neimhe is Talún,' a deir sé de ghlór neoid náireach, 'áilim thú, agus ná bí domsa agus ní bheadsa duitse níos mó.'

Aird ná uídh ní bhfuair ó Mharbhán.

'Déanaidh mo sháith crónáin dom, a Thromdhámh!'

ARSA DUINE DEN CHLIAR DÁ RAIBH ISTIGH, á fhreagairt: 'Déanfaidh mise ealaín duit.'

'Cé thú féin?'

'Oircne Aithiúin, Ollamh Tuamhan.'

'Cén ealaín ab áil leat a dhéanamh dom?'

'Is furasta dom ealaín mhaith a dhéanamh duit mar go bhfuilim feasach fíorghlic fíor-eolach.'

'Is dóigh liomsa,' arsa Marbhán, 'cé gurb iomaí duine ainbhfiosach i dtigh na Tromdháimhe nach bhfuil aon duine díobh uile is ainbhfiosaí ná thusa.'

'Conas sin?' arsa Oircne.

'Nach bocht an scéal é,' arsa Marbhán, 'nuair nach bhfuil a fhios agat go bhfuil beirt fhear in éineacht ag taithí le do bhean agus gan fios ceachtair díobh agatsa. Agus is iad an bheirt sin, mac rí Finnfholtaigh agus mac Fraighidh Dairíne .i. dalta Ghuaire. Agus an fáinne óir a fuairis ó Ghuaire, nár thug do bhean don dara fear é agus do chlaíomh don fhear eile!'

D'éirigh Oircne Aithiúin leis sin go ndeachaigh ina réim ruireatha ar thóir an fháinne óir agus an chlaímh, ach má chuaigh, ní bhfuair.

'Mo choimirce ort, a Phríomhfháidh Neimhe is

Talún, áilim thú, agus ná bí domsa agus ní bheadsa
duitse níos mó.'

'Ní bhead,' arsa Marbhán, 'agus déantar mo sháith
crónáin dom!'

ARSA DUINE DEN CHLIAR DÁ RAIBH ISTIGH:
'Déanfaidh mise ealaín duit.'

'Cé thú féin?'

'Críonlait Cailleach.'

'Cén ealaín ab áil leatsa a dhéanamh dom?'

'An ealaín is uaisle ar domhan,' a deir sí, 'agus nach
bhfuil déanamh dá huireasa ag rí ná ab ná easpag ná
pápa — do sháith lánúnais[17] a dhéanamh.'

'Is dóigh liom,' arsa Marbhán, 'gurbh ionúin leatsa
an cheird sin an t-am a rabhais i d'ógscéimh, agus gurb
ionúin anois leat í i d'athscéimh. Maidir liom féin,
an ní nach ndearnas as m'ógscéimh, ní dhéanfainn i
mo sheanscéimh le críoniarracht chaolreangach
chromshliastach caillí mar thusa!'

'Mo choimirce ort, a Phríomhfháidh Neimhe is
Talún, ná bí domsa agus ní bheadsa duitse níos mó.'

'Ní bhead,' arsa Marbhán, 'agus déantar mo sháith
crónáin dom!'

ARSA DUINE DEN CHLIAR DÁ RAIBH ISTIGH:
'Déanfaidh mise ealaín duit.'

---

[17] .i. cairdeas sliasta.

'Cé thú féin?'

'Cosmhaol Cruitire, Ollamh Cruitireachta na Tromdháimhe.'

'Cén ealaín ab áil leatsa a dhéanamh dom?'

'Ollamh maith mise le mo cheird féin, leis an gcruitireacht, agus tugaimse a chead duit pé ceist is áil leat a chur orm ina taobh.'

'Fiafraím díot, más ea, a Chosmhaoil,' arsa Marbhán, 'cá as ar tháinig an chruitireacht agus cé a rinne an chéad dán?'

Dheargaigh Cosmhaol. 'Ní fheadarsa sin, muis.'

'Feadair mise é,' arsa Marbhán, 'agus déarfad leat é. Lánúin a bhí ann tráth, Mac Coil agus Conaclach Mhór, agus thug a bhean fuath dó ionas go mbíodh ag teitheadh roimhe i ngach fiodh is fásach agus eisean á leanúint. Lá dá raibh an bhean ag siúl le bruach na mara i gCamas[18], fuair sí conablach míl mhóir caite ar an trá. Chuala sí foghar na gaoithe le féithibh an mhíl mhóir, agus thit ina codladh leis an bhfoghar sin gur tháinig a fear ina diaidh gur thuig gur leis an bhfoghar sin a thiteadh a suan uirthi. As leis ansin faoin bhfiodh coille i bhfogas dó go ndearna adhbh chruite gur chuir téada d'fhéithibh an mhíl mhóir inti, agus is í sin an chéad chruit a rinneadh riamh.

Ach cheana, bhí beirt mhac ag Láimic[19] — Iábál

---

[18] Ní fios cén Camas atá i gceist ach cá bhfios nach é Camas Chomhghaill, láimh le Cúil Raithin, é?

[19] De shliocht Cháin mhic Ádhaimh; ba é Matúisiael a athair.

agus Iúbál Cáin. Gabha a bhí i nduine acu .i. Iúbál, agus thuig seisean gur comhfhad rainn a bhíodh ag foghar a dhá ord sa cheárta. Agus rinne sé rann ar an ábhar sin ionas gurb é sin an chéad rann a rinneadh riamh.'

Shocht Cosmhaol leis an méid sin go ndúirt de ghlór lag leamh, 'Mo choimirce ort, a Phríomhfháidh Neimhe is Talún,' a deir sé, 'áilim thú, agus ná bí domsa agus ní bheadsa duitse níos mó.'

'Ní bhead,' arsa Marbhán, 'agus déantar mo sháith crónáin dom!'

ARSA DUINE DEN CHLIAR DÁ RAIBH ISTIGH: 'Déanfaidh mise ealaín duit.'

'Cé thú féin?'

'Coirche Ceolbhinn, Ollamh Tiompánachta na Tromdháimhe.'

'Cén ealaín ab áil leat a dhéanamh dom?'

'Ollamh maith mise le mo cheird féin, leis an tiompánacht, agus tugaimse a chead duit pé ceist is áil leat a chur orm ina taobh.'

'Fiafraím díot, más ea, a Choirche Cheolbhinn,' arsa Marbhán, 'tuige a dtugtar *tiompán naomh* ar an tiompán nuair nár sheinn aon naomh tiompán riamh?'

Dheargaigh Coirche. 'Ní fheadarsa sin, muis.'

'Feadair mise é,' arsa Marbhán, 'agus déarfad leat é. An t-am a ndeachaigh Naoi mac Láimic[20] san

---

[20] De shliocht Shéat mhic Ádhaimh; ba é Matúslach a athair.

Áirc, rug sé mórán de cheolaibh leis agus rug sé tiompán leis ach go háirithe. Bhí mac aige a bhí in ann é a sheinm, agus bhíodar san Áirc an t-achar a mhair an Díle nó go ndeachaigh Naoi gona chlann aisti agus b'áil leis an mac an tiompán a bhreith leis. 'Ní thabharfaidh,' arsa Naoi, 'nó go bhfaighe mise a luach.' D'fhiafraigh an mac de cén luach sin. Dúirt Naoi leis nár bheag leis an tiompán a ainmniú uaidh féin. Thug an mac an aisce sin dó ionas gur *tiompán Naoi* a ainm ó shin anall cé nach mar sin a deir na tiompánaigh ainbhfiosacha féin ach *tiompán naomh*. Ach cé nach iontaí liom focal dár chualas riamh ná an focal sin, ní hiontas a leithéid a chloisteáil ag lucht ainbhfeasa!'

Shocht Coirche leis an méid sin go ndúirt de ghlór tnáite traochta, 'Mo choimirce ort, a Phríomhfháidh Neimhe is Talún,' a deir sé, 'áilim thú, agus ná bí domsa agus ní bheadsa duitse níos mó.'

'Ní bhead,' arsa Marbhán, 'agus déantar mo sháith crónáin dom.'

D'imigh sin uile ann féin. D'iarr Marbhán an crónán faoi thrí agus ní bhfuair. Ba náir le Seanchán sin agus nuair nach bhfuair neach eile a d'fhreagródh Marbhán, dúirt sé faoi dheireadh go ndéanfadh sé féin crónán dó.

'A Sheancháin shiansaigh! Is binne liomsa uaitse é,' arsa Marbán, 'ná ó gach duine ar domhan.'

Thóg Seanchán a fhéasóg in airde ach níor ghabh Marbhán uaidh ach an crónán snagach, agus nuair a d'fhóbraíodh Seanchán scor, sin é an uair a d'abraíodh Marbhán 'Déanaidh mo sháith crónáin dom!'

Ba náir le Seanchán sin agus sreangadh ró-theann dár thug air féin ag déanamh an chrónáin, nár scinn a leathshúil as a cheann go raibh ar ard a ghrua! Nuair a chonaic Marbhán sin, b'eagal leis achasán a fháil ó Ghuaire ionas go ndúirt a phaidir ina dhearnain dheis gur chuir an tsúil ar ais ina hionad féin arís.

'Déanaidh mo sháith crónáin dom!'

ARSA NEACH DEN CHLIAR DÁ RAIBH istigh: 'Déanfaidh mise ealaín duit, a Mharbháin.'

'Cé thú féin?'

'Fios mac Fochmhairc.'

'Cén ealaín ab áil leat a dhéanamh dom?'

'Is mé an scéalaí is fearr sa Tromdhámh agus in Éirinn uile.'

'Más tusa an scéalaí is fearr in Éirinn,' arsa Marbhán, 'tá fios príomhscéal nÉireann agat.'

'Tá, cheana,' arsa Fios.

'Má tá,' arsa Marbhán, 'cuingim ort rise buar gCuailnge a fhaisnéis dom!'

'Rise buar gCuailnge? An Táin úd?' Mhaígh socht ar an scéalaí gur imdheargaigh. Mhaígh socht ar na filí ó ollamh go héigsín. Mhaígh a ghean gáire ar Mharbhán gur bhreathnaigh anonn ar Sheanchán.

'Céard sin ort,' arsa Seanchán le Fios, 'nach n-insíonn an scéal do Mharbhán?'

'Dar fiagaí, a Rí-Ollaimh,' arsa Fios, 'níor chualas Táin Bó Cuailnge úd á tabhairt in Éirinn riamh agus ní fheadar cé a thug.'

'Más ea,' arsa Marbhán, 'cuirimse faoi gheasaibh thú nó go n-insí tú an Táin dom, agus cuirim an Tromdhámh uile faoi gheasaibh nó go bhfaighe siad fios na Tána. Agus bainimse fós, as ucht mo Dhé, bhur ndán díobh uile gan aon rann a dhéanamh uaidh seo amach ach aon duan amháin nó go bhfaighe sibh Táin Bó Cuailnge domsa. Anois an bhfuil biseach agaibh? Agus ag siúd mise ag imeacht anois,' arsa Marbhán, 'agus dar mo bhriathar murach Guaire, mo dhil-dhearthair féin, is maith a dhíoghlfainnse an torc fionn oraibh, a chliar udmhall ainbhfiosach!'

D'éirigh ansin gur thug an doras amach air féin ionas nár fheadadar cén chonair ná cosán a ndeachaigh. A iomthúsa go nuige sin sonn.

LORGAIREACHT NA TÁNA

GHLUAIS MARBHÁN LEIS ANSIN GUR FHÁG
an Tromdhámh go sprochtúil scítheach ina dhiaidh.
Arsa Seanchán leo: 'Chuir Marbhán faoi gheasaibh
sinn dá mbeimis dhá oíche san áit chéanna nó go
bhfaighimis an Táin, agus ós sa bhaile seo a bhíomar
aréir, ní ann a bheimid anocht ag comhall ár ngeas,
ach téimis romhainn d'iarraidh na Tána nó go
bhfáighimid í.'

Leis sin, d'éirigh an Tromdhámh, idir ollamh is
ánradh, idir fhile is éigsín, idir fhior is mhnaoi, idir
chú is ghiolla, idir óg is aosta, gur ghluaiseadar rompu
go rángadar airm a raibh Guaire. D'éirigh Guaire ina
n-aghaidh amach gur chuir fáilte choiteann rompu,
gur thoirbhir teora póga dile díochra do Sheanchán,
go ndúirt: 'Scéala agat, a Rí-Ollaimh nó tuige ar
ghluais sibh ó bhur mbruíon féin anall?'

'Scéala agam, a Ghuaire ghlain? Is olc ár scéala, a rí,'
a deir sé. 'Marbhán Muicí, Príomhfháidh Neimhe is
Talún, a tháinig ar cuairt chugainn a dhíoghail an
toirc fhinn orainn. D'iarr sé a rogha ealaíne is oirfide
agus gealladh sin dó. Agus is é rogha a rug a sháith
crónáin gur chuir trí naonúir againn á dhéanamh sin

dó. Agus chuas féin,' arsa Seanchán, 'a dhéanamh an chrónáin dó faoi dheireadh, ach nuair a d'fhóbraínn scor, d'iarradh seisean a sháith crónáin a dhéanamh dó. Sreangadh ró-theann dár thugas orm féin, nár chuireas mo shúil as mo cheann amach go raibh ar ard mo ghrua! Ach d'fhóir seisean mé trí chumhachtaibh Dé. Ansin, dúirt neach dá raibh sa bhruíon go ndéanfadh scéalaíocht dó, ach d'iarr seisean Táin Bó Cuailnge agus dúirt Fios mac Fochmhairc bocht, an glaigín glámhach, nach raibh an scéal sin aige óir nach fada is nach fairsing i bhfios is i bhforas gur beag nár díobhadh ar fad an Táin in Éirinn agus nach maireann di ach blogha agus gan an méid sin féin ach ina dhríodar díogha ag gach dara duine? Chuir Marbhán faoi gheasaibh sinne agus an scéalaí gan aon rann dár ndán a fháil dúinn agus gan a bheith dhá oíche san áit chéanna nó go bhfaighimis fios na Tána dó, agus ós sa bhaile seo a bhíomar aréir, ní ann a bheimid anocht. Ag sin ár scéala, a Ghuaire, ag sin ár scéal.'

'Scéala dochair, dar ris, scéala dochair,' arsa Guaire. 'Agus cá hairm ab áil libh dul d'iarraidh na Tána?'

'Go hAlbain,' arsa Seanchán.

'Go hAlbain? Ar a bhfaca tú riamh, a Sheancháin, ach ná téirigh go hAlbain,' arsa Guaire, 'óir is ansiúd is lú a gheobhair a fios. Nach in Éirinn féin a tugadh an Táin sin? Fóill agus fuirigh — is eol domsa mar is cóir daoibh.'

'Cén chóir sin, más ea?' arsa Seanchán.

'Fanacht i m'fharradhsa agus an onóir a fuarabhair uaimse agus ó Fhearaibh Éireann go nuige seo, gheobhair uaimse anois é in ainneoin agus in éagmais bhur ndána.'

'In ainneoin agus in éagmais ár ndána? Ní bheadh ansin,' arsa Seanchán, 'ach maith déirce, agus ní maith sin do mhaith ná do dhéirc.'

'Murab ea féin,' arsa Guaire, 'fanadh bhur mbantracht agus bhur macra agus bhur ngiollanra i m'fharradhsa agus éiríodh bhur n-ollúna agus bhur bhfilí agus lucht canta ceoil d'iarraidh na Tána.'

Mar siúd a socraíodh agus mar siúd a rinneadh.

Labhair Seanchán arís.

'Ó tharla,' a deir sé, 'nár fágadh againn ach aon duan amháin, is cóir dúinn í a dhéanamh do Ghuaire óir táimid mí agus ráithe agus bliain aige sa bhaile seo, i nDurlas.'

Dúirt an Tromdhámh gur chóir sin 'óir ní raibh,' ar siad 'teirce bia ná dí ná óir ná airgid ná séad ná maoine orainn, agus ní dheachaidh mian aon duine againn faoi lár le linn an achair sin agus ní bhfaighfear go dígeann an domhain i mbaile rí Éireann ná rí cúige aire, aird, ná uídh, cóir, ceart, ná coinneáil mar a fuair sinne anseo.'

'Ní gó,' arsa Seanchán.

> Triallam uait, a Ghuaire ghlain,
> Fágam agat beannachtain;

Bliain is ráithe is mí
Atáimid agat, a ard-rí!

Trí caogaid éigeas nár mhín,
Trí caogaid éigsín, dhá mhnaoi,
Giolla agus cú gach fir,
Do biataíodh iad in aon-tigh.

Cuid ar leith ag gach duine,
Leaba ar leith gach aon duine;
Ní éirímis maidin moch
Gan deabhaidh nó gan éagnach.

Deirimse libhse, a Dhé,
A fhíoraitheoir faistine,
Má shroichfeam[21], go n-iomad clann,
Tiocfam[22] arís, cé triallam.[23]

'Sobhriathrach an dán, suairc an tsimplíocht, a
Sheancháin!' arsa Guaire.

'Ní gó,' arsa Seanchán go dubh dóite.

'Cá háit a mbeifear anocht?' arsa Guaire.

'I Nás na Rí, má éiríonn sin linn,' arsa Seanchán, 'i
ndún Rí Laighean, Conra Caoch. Is dainimh dúinn
mar atáthar anois agus is fearr triall dúinn in éalú oíche
chun gur fearrde ár gceilt ar Fhearaibh Fáil óir ní
cheilim gur dona dearóil an dála ár n-údar náire dúinn.'

---

[21] Shroichfeam: shroichfimid.
[22] Tiocfam: tiocfaimid.
[23] Triallam: triallaimid.

൭ ൭ ൭

AS LEO ANSIN AR SÉAD, SEANCHÁN GONA
Thromdhámh. Níor chian a rángadar gur tharla
dóibh an lobhar lánghránna ina shuí ar shúil na slí.

'Cá as a dtángabhair, an fhiann mhór bathlach
seo?' ar sé.

'Ní hé sin atá ann,' arsa duine den Tromdhámh,
'ach Seanchán Seanfhile gona chliar gona fhiann.'

'Tá a fhios agamsa go maith cé sibh féin!' arsa an
lobhar. 'Tá a fhios agam freisin bhur n-ainmneacha
más fada fadálach féin le rá iad. Is miste an tír i
dtagann sibh agus is méanar an tír a d'fhágabhair!'

D'éirigh an Tromdhámh ansin gur iaigh um
Sheanchán.

'Cén t-achar is áil libh dul anocht?' arsa an lobhar.

'Go dún Chonra Chaoch, Rí Laighean,' arsa
Seanchán.

'Níl aon ghnó agaibh ann,' arsa an lobhar, 'agus
gan oiread agus rann amháin de bhur ndán agaibh.'

'Cé a bhí á rá sin leat, a chlaimh charraigh?' arsa
Seanchán.

'Nach cuma cé a bhí á rá liom óir is é anois tráth
a dhearfa daoibhse. Is cóir daoibh duan a dhéanamh
do Rí Laighean ós é a thabharfas iomlachtadh daoibh
go hAlbain.'

'Is fíor don chlamh an méid sin,' arsa an
Tromdhámh, 'agus is fearr dúinn a fhéachaint — an

bhféadfaimis duan a dhéanamh do Rí Laighean.'

D'fhéach siad lena dhéanamh; d'iarr Seanchán rann ó gach ollamh díobh, ach má d'fhéach is má d'iarr, dá mb'fhearrde leo oiread aon-fhocail, ní bhfuaireadar le chéile go cóir. Shocht siad le teann náire.

Arsa an lobhar ansin leo go dolb dána, 'Dá mb'áil libh a luach a thabhairt dom féin, dhéanfainn duan do Rí Laighean ar bhur son.'

Cé gur dhochma drogallach leo sin, dúradar go dtabharfaidís a rogha luacha dó, don chlamh coinbhreoite carrach.

'Tugaigí bhur mbriathar leis, an fhiann mhór bathlach seo!' arsa an clamh.

Thug.

'Más ea, mar sin,' a deir sé, 'is é luach a iarraimse oraibh go dtabharfadh Seanchán póg thais thim dom féin.'

Dúirt Seanchán dá mba é a bheatha féin gona ollúna a bheadh i ngeall leis nach dtabharfadh póg don lobhar.

Ach chuir na hollúna cosa i dtaca go ndúirt go ngabhfaidís ar ais chuig Guaire agus nach le Seanchán a rachaidís feasta mura dtabharfadh póg don lobhar. Níor mhiadh ná níor mhaise le Seanchán sin. Ghéill ar deireadh dóibh gur thug póg thais thim don lobhar cér leasc leis é.

AS LEO ARÍS AG TRIALL AR NÁS NA RÍ GUR shroicheadar doras an dúin gur bhuaileadar boschrann. Anuas leis an doirseoir gur fhiafraigh cé a bhí ann.

'Seanchán gona ollúna,' arsa an lobhar.

'An bhfuil dán agaibh do Rí Laighean?'

'Tá, cheana,' arsa an lobhar, 'agus is mise is reacaire dó.'

Spréach Seanchán go ndúirt, 'Olc an mhaise reacaire atá ort agus is miste sinne do bheith maille linn.'

Uídh ná aird ní bhfuair.

Isteach leo sa dún gur chuir Rí Laighean fíorchaoin fáilte rompu gur fhiafraigh díobh cén chonair ab áil leo dul.

'Go hAlbain,' ar siad, 'agus b'áil linn long a fháil uaitse.'

D'fhiafraigh Rí Laighean díobh an raibh dán molta acu dó.

'Tá, cheana,' arsa an lobhar, 'agus is mise is reacaire dó.'

Shocht Seanchán. Ghabh an lobhar an duan:

A Chonra Chaoch mhic Dairbhre,
A chara ban bhFáil, go bhfolt finne!
Tabhair dúinn long dár dtabhairt,
Ar mhoing mara scothghile.

A ghiolla ghlain, a fhir go mbladh
I dtaobh chloth bhrú Bhreá-Mhaighe[24],

---

[24] Breá-Mhaighe: Má Breá, idir Bóinn agus Life.

Ionlaic sinn thar linn go luath,
Go gaoth, grinn, a dhea-dhuine!

Ní hiondulta i loing, gan lón,
Ós tú féin flaith an mhúir fhinn,
Tabhair dúinn lón ár loinge,
Go dtéimis uait ar conair.

A haithle an duain sin, tugadh tithe leapa dóibh agus
chaitheadar an oíche go subhach somheanmnach, gan
easpa freastail ná friothála, gur tháinig mochshoilse
na maidine arna mhárach. Síos leo ansin go bruach
na mara gur glanadh dóibh long agus gur cuireadh
inti lón slí is sáile. D'iarr an lobhar ansin go rachadh
sé féin sa long. Dúirt Seanchán dá rachadh nach
rachadh sé féin. Isteach ansin le Seanchán gona
ollúna ar bord loinge gur fhágadar an lobhar ar tír
gur dhíríodar cúrsa go hAlbain. As go brách leo ar
fud na mara mire go rángadar láimh le Starraicí
Manann. Ar theacht ansiúd dóibh, idir nóin bheag
agus deireadh lae, céard a bheadh ach duine ina
sheasamh as féin ar an gcarraig thuas. Sin é an uair
chéanna a chonaiceadar an lobhar agus é gróigthe ar
ghob na loinge agus crónán snagach ar siúl aige.
Thugadar an long isteach go cuí cúramach le hais na
carraige go bhfuair éachaint ar an té a bhí ar a muin,
agus nuair a fuair, céard a bheadh ach seantainne[25]

---

[25] .i. seanbhean.

82

mhongliath mhór agus í ag baint fheamainne de chneas na carraige lena miodóigín líofa laideanta. Cé nár aithin aon duine den Tromdhámh í, is é a bhí ann Iníon Uí Dhulsaine, an bhan-leiceard[26] de Mhúscraí Liag Toill.[27]

Ar sise anuas den charraig leo: 'Cé sibh féin nó cé dar díobh sibh, an fhiann mhór bathlach seo?'

Níor thúisce an cheist ná a freagra gurbh iúd aníos de ghob na loinge, cáir mhór an amadáin air, an lobhar de dhrón dalba dána, 'Seanchán, a bhean uasal, beach eolais na héigse, gona chliar,' ar sé.

'Más ea,' arsa an tseantainne thuas, 'cuirimse faoi gheasaibh sibh gan aon duine agaibh a theacht i dtír nó go bhfaighe sibh leathrann in aghaidh an leathrainn seo uaimse.'

Shocht Seanchán. Shocht an Tromdhámh. Níorbh é sin don lobhar breá.

Ar seisean:

'Grág, grág, a chailleach ghrágach,
agus abair leat do leathrann lábach!'

Spréach Seanchán.

'A leiciméir ghalair, dún do dhraidín dána ar a chéile!'

Uídh ná aird ní bhfuair.

---

[26] .i. banfhile.

[27] Múscraí Liag Toill: in Uí Fhidhghinte, an limistéar ón Máigh siar go Sliabh Luachra (limistéar dá ngairtí Clár Luimnigh tráth).

'A chailleach,' arsa Seanchán ansin, 'mise is máistir anseo agus is miste sinn an lobhar a bheith inár dteannta óir ní miste leis siúd bascadh dá bhfaighimid.'

Spréach an lobhar é féin ansin.

'Is fánach féachaint leis, a Sheancháin, agus fág ansiúd é. Óir ní rachfar i dtír anseo, a Rí-Ollaimh ró-eolaigh, nó go bhfaighe sí siúd leathrann in aghaidh an leathrainn.'

Thug a aghaidh arís ar an gcailleach.

'Gabh do rann, a chailleach, ó nach bhfuil ag Seanchán luach is áil liom uaidh.'

Ghabh.

Ar sise:

'Cách gan oiread farraige
is a ligfeadh foireann faoi.'

Mhaígh a ghean gáire ar an lobhar.

'Anois, a Sheancháinín álainn? Ná habair gur tó agus tost agat é?'

Ní ligfeadh an náire do Sheanchán a cheann a ardú ná a bhéal a oscailt ó baineadh de a dhán. Arsa an lobhar:

'Lagfaidh sneachta ó éiríonn tuireann,
Gaireann iolar, agus géiseann cuach.'

'Is é sin a leathrann cóir,' arsa an chailleach, 'agus níl sa long,' a deir sí, 'duine a chuirfeadh a leathrann cóir leis ach tusa.' Dhírigh sí aniar gur bhain searradh sotalach soibealta aisti féin.

'Tá leathrann eile agam,' a deir sí.

Arsa an lobhar:
> 'Grág, grág, a chailleach ghrágach,
> agus abair leat do leathrann lábach!'

Arsa an chailleach:
> 'Cé táir eolach ar an imní fhadhbach,
> Agus feamnach bholgach á baint ó bhonn.'

Arsa an lobhar:
> 'Ar bhrú na carraige mara i Manainn,
> A rinnis mór den salann sonn!'

'Is é sin a leathrann cóir,' arsa an chailleach.

Dhírigh sí aniar arís gur bhain searradh sotalach soibealta eile aisti féin.

'Tá leathrann eile agam,' a deir sí.

Arsa an lobhar:
> 'Grág, grág, a chailleach ghrágach,
> agus abair leat do leathrann lábach!'

Arsa an chailleach:
> 'Ar mo loscadh, ar mo mheascadh,
> ar mo theascadh ar an toinn.'

Arsa an lobhar:
> 'A bhanlia a ghníonn an cheard chuimse,
> Is mór do thuirse ar an toinn!'

Lig mo chailín thuas osna oscartha aisti go ndúirt, 'Is ait thú, a lobhairín lofa, is ait sin!'

'Cabhair ó Dhia chugainn, a chlaimh choinbhreoite charraigh! Ná can gó ach abair linn cé hí an chailleach sholabhartha choscrach seo thuas!' arsa an Tromdhámh d'aonghuth iontais is alltachta.

'Banlia í siúd,' arsa an lobhar, 'a bhí ag comhrá libh go dtrásta. Bíonn sí gach re bliain ina banlia agus an bhliain eile ag déanamh salainn. Agus tá teaghdhais chloiche aici agus ciste sa teaghdhais sin ina bhfuil trí fichid marc agus roinnfidh sise sin libhse anocht go dtabharfaidh a leath daoibh. Agus sin é is lón agaibh an t-achar a mbeidh sibh in Albain. Agus ní uirthi siúd is cóir daoibhse a bhuíochas a bheith ach ormsa.'

Leis sin, d'imigh an lobhar uathu ionas nár fheadadar cén chonair ná cosán a ndeachaigh. A iomthúsa go n-uige seo sonn.

ⓖ   ⓖ   ⓖ

THÁINIG SIAD I DTÍR ANSIN AGUS BHÍODAR an oíche sin i dteannta an bhanlia faoi ghléire freastail agus friothála go héirí gréine gile arna mhárach.

Thug sí na trí fichid marc do Sheanchán ansin.

'Is í seo do dhuas dhéanach de dhuasaibh dea-aosa dána, a Sheancháin,' ar sí, 'nó go bhfaighir do dhán ar dtús. Óir ba mhana fonóide duit do thoisc in Albain agus gan aon rann de do dhán ar cumas duit.'

D'fhágadar slán ansin ag an gcailleach agus isteach leo sa long. Amach leo arís ar fud na mara mire gur ardaíodar a gcuid seolta móra bocóideacha

bacóideacha go barra na gcrann gur stríocadar cuan
agus calafort i gcríocha eochairghorma na hAlban.
Ar theacht i dtír ansiúd dóibh, bhí fleá is fuireag
ullamh inchaite ag Maol Geide mac Fir Gobhóg, Rí-
Ollamh Alban, ar a gcionn agus bhíodar an oíche sin
aige faoi rogha freastail agus friothála ionas gurb í sin
an oíche is mó clú agus cás a fuaireadar in Albain
más fíor don seanchas.

D'IMIGH SIN ANN FÉIN. BHÍODAR BLIAIN
in Albain gur shir is gur shúr ó dheisceart go
tuaisceart agus ó oirthear go hiarthar, ach má bhí
agus má rinne, ní bhfuaireadar tásc ná tuairisc, fios
ná fíoreolas ar Tháin Bó Cuailnge. Agus ba thuirseach
le Seanchán gan fios na Tána a fháil go ndúirt ar
deireadh 'Och, is trua mise, ó tá mo dheoraíocht á
cur i bhfad! Is mithid liom mo thriall arís ar Éirinn.'
Glanadh long dóibh agus thángadar rompu ar fud na
mara mire gur ghabh cuan is calafort in Áth Cliath,
agus ar theacht i dtír ansin dóibh, cé a d'fheicfidís
chucu ach Caillín Naofa, mac máthar do Sheanchán.
Thug sé teora póga dile díochra do Sheanchán gur
fhiafraigh scéala de, gur inis Seanchán dó gach ar
bhain dóibh agus ar imigh orthu idir dhá cheann na
bliana sin in Albain, agus nach bhfuair fios na Tána,
dubh, bán ná riabhach.

'Mar sin is cóir,' arsa Caillín, 'óir is mór d'éagóir
agus d'aindlí a rinnis ar Ghuaire, a Sheancháin. Agus

ghuigh Guaire Dia go dtabharfása póg thais thim do lobhar, agus an bhfeadaraís-se cé hé an lobhar dár thugais an phóg?'

'Ní fheadar,' arsa Seanchán.

'Domsa a thugais í,' arsa Caillín, 'óir b'éigean duit a tabhairt dom.'

'Más ea, a bhráthair ionúin,' arsa Seanchán, 'tabhairse cabhair domsa chun an Táin a fháil.'

'Tabharfad,' arsa Caillín. 'Gabhfaidh mé leat go Durlas, agus tabharfar Marbhán Muicí chugainn ó Ghleann an Scáil óir is aige siúd atá a fhios conas a gheofar an Táin.'

AS GO BRÁCH LEO D'AON TAOBH, CAILLÍN agus Seanchán gona Thromdhámh go rángadar go Durlas, airm a raibh Guaire. Thug sé póg thais thim do Chaillín agus an céanna do Sheanchán. D'fhear sé fáilte choiteann roimh an gcliar gur fhiafraigh scéala de Sheanchán. D'inis Seanchán dó nach bhfuair fios na Tána ó d'imigh uathu bliain go ham sin. Cuireadh fios ansin ar Mharbhán go Gleann an Scáil.

Trí lá agus trí oíche dóibh ag fuireach nó gur tháinig chucu faoi dheoidh go Durlas.

'Mora duit, a Mharbháin,' arsa Seanchán.

'An eascaine chéanna ort féin. Céard is áil leat?'

'Fios an té a d'inseodh dúinn scéala Tána Bó Cuailnge.'

'Níl beo in Éirinn,' arsa Marbhán, 'an té sin, agus ní bhfuair fód a bháis in Éirinn an té a d'fhéadfadh an Táin a insint ach aon duine amháin.'

'Cé hé an duine sin?' arsa Seanchán.

'Nach dalba dána an díorma sibh agus gan fios an ní sin agaibh féin!' arsa Marbhán.

'Ní shéanaimid sin,' arsa Seanchán, 'ach ar ghrá trua is trócaire, inis dúinn cé hé an duine sin.'

'Fearghas mac Róich,' arsa Marbhán, 'óir nach i ngeall air siúd a tugadh an Táin? Nach aige a bhí fios gníomhartha fhear nÉireann agus nUladh le linn na Tána ó bhí sé ar an slua sin ó thús deireadh?'

'Céard is déanta dúinn, más ea?' arsa Seanchán.

'Ní hansa, mar a deir sibh féin, a leiciméirí leonta an léinn. Beite daoibh,' arsa Marbhán, 'teachta agus teachtairí a chur go naoimh Éireann á dtionól go huaigh Fhearghasa mhic Róich ar bhrú Éanlocha[28] i gConnachtaibh agus troscadh trí lá is trí oíche a dhéanamh leis an gCoimdhe faoi Fhearghas a chur ina bheatha arís agus a chur chugaibh go n-insí sé daoibh scéala Táin na mBó as Cuailnge.'

(ƃ   (ƃ   (ƃ

---

[28] Is dócha gurb ionann agus Loch na nÉan, fuarlach atá suite láimh le Caisleán na gConchubharach i mbaile Ros Comáin.

NÍOR THRÁTH FAILLÍ É. D'ÉIRIGH CAILLÍN
gur thug leis go Durlas naoimh Éireann: Colm Cille,
Ciarán Chluana, Sean-Chiarán Saighre, Finnín
Chluana hIoraird, Finnín Mhá Bile, Seanach, Ruán
Lothra, Bréanainn Bhiorra, Bréanainn Chluana Fearta,
Mo Cholmóg Naofa, Comhghall, agus Da Lua.

Maidir le Seanchán agus leis an Tromdhámh,
chaitheadar an oíche sin i mbun fleá is fuirig, mar ba
dhual dóibh, gur éirigh i moiche na maidine arna
mhárach gur ghluaiseadar go hÉanloch gur shroich-
eadar uaigh Fhearghasa mhic Róich le fuine néal
nóna an oíche sin. Suas leo ar mhullach an fhearta
gur throisc le Dia faoi Fhearghas a chur ina bheatha
arís agus faoina chur chucu go n-inseodh an Táin
dóibh. Ba é Seanchán ba thréine guí orthu.

Leis sin, chonaiceadar an dallcheo dorcha draíochta
ag éirí aníos as an bhfeart, gur airigh an sioscadh
bodhar, go bhfaca fuath salach dorcha an fhathaigh
ina lár. Ba ghearr dá éis gur éirigh aníos as an bhfeart
an fear feochair sin Fearghas mac Róich faoina fholt
craobhach órbhuí, faoina bhrat álainn uaine, faoina
léine gheal chlupaideach go ndearginnleadh óir, a
chlaíomh órdhoirn ina láimh, agus dhá mhaolasa[29]
fhiondruine faoi fháscadh órbhuí ar a dhá chois.

Neach níor labhair. Amach le Seanchán os comhair
na dáimhe. Tharraing chuige a fhleasc fhileata

---

[29] .i. bróga.

fhiondruine. Chroith, bheartaigh, agus bhagair sé í
gur chan de sheamsán monabhrach an laoi seo:

> Murach
> Gur i do lia loinneartha málgheal atáir,
> A Mhic Róich,
> Bheadh agamsa,
> De thoisc mo dhul ar feacht i measc na bhfilí,
> Scéala Tána Bó Cuailnge go follas,
> A Fhearghais …
> Murach!

Shocht an slua. Labhair an laoch. B'áil leis an Táin
a insint ina sheasamh dó ach bhí dá mhéid nár
chualathas a bheag dá ndúirt nó gur lig é féin anuas
ar a leathuillinn. Thosaigh air ansin: *Tarcomlad slóiged
mór la Connachtu, la hAilill ocus la Meidb ocus hetha
úaidib cossna trí chóiced aili. Ocus fóite techta ó Ailill*
… nó gur aithris an Táin ó bhun go barr agus ó thús
go deireadh idir idirshleachta, is réamhshleachta, is
iarshleachta, is dea-shleachta, is olcshleachta aifreacha.
Bhí sé ina chreapascal maidine agus ina thurgbháil
gréine faoin am a raibh deireadh ráite ag Fearghas,
cruit ar chách ó bheith ag éisteacht leis, agus tálach
ar Chiarán. D'éirigh Fearghas ansin go ndearna
maolgháire beag leis féin gur bhreathnaigh ar a raibh
fanta ina ndúiseacht, go ndúirt 'Anois, a bhuíon an
bhéaloideasa, nach bhfoilsítear gach ní le haimsir?'

Ar ais leis ansin isteach faoin bhfeart gur claidheadh

os a chionn arís é go raibh ina chiúnas deiridh an athuair aige. A iomthúsa siúd go nuige sin sonn.

⟨◎ ◎ ◎⟩

NÍL STOIRM DÁ MHÉAD NACH CALM A deireadh. Lig an Tromdhámh osna oscartha faoisimh is faoilte astu. Maidir leis na naoimh, rinneadar altú buí do Dhia faoina n-itche a fháil uaidh, trí chumhachtaibh naomh nÉireann agus trí theagasc Mharbháin Muicí. Iomthúsa Chiaráin Chluana, scríobh seisean an Táin isteach ar sheiche na hUidhre[30] go mbeadh sí le léamh, le cloisteáil, agus le feiceáil ag cách idir mhór is mhion lá ab fhaide anonn. Rinneadar ar fad gairdeas agus subhachas mór as foilsiú na Tána arís agus thángadar rompu go Durlas Ghuaire go gealghnúiseach gealgháireach gur chaith an oíche sin i mbun fleá is fuirig mar ba dhual dóibh. Le héirí gréine gile arna mhárach, go Boirinn siar, go Gleann an Scáil, le Seanchán gur iarr ar Mharbhán teacht chucu arís go Durlas go n-insídís dó Táin Bó Cuailnge. Dúirt Marbhán nach dtiocfadh nó go bhfaigheadh sé a bhreith féin uathu faoi shlána naomh nÉireann. Cuireadh teachta ó Sheanchán ar cheann na Tromdháimhe leis an iarraidh sin. Ba ghearr gur tháinig scéala ar ais; ghéill an Tromdhámh

---

[30] .i. Leabhar na hUidhre.

don achairt sin gur thug a bhfocal go gceadóidís do Mharbhán a bhreith féin a chuingiú orthu.

Trí lá is trí oíche ag fuireach dóibh i nDurlas go dtagadh Marbhán. Tháinig. Isteach leis. D'éirigh Fios mac Fochmhairc gur sheas i láthair an tslua gur thosaigh ar Tháin Bó Cuailnge a aithris do Mharbhán ó bhun go barr agus ó thús go deireadh idir idirshleachta, is réamhshleachta, is iarshleachta, is dea-shleachta, is olcshleachta aifreacha. Maidir le Marbhán, ní dhearna ach méanfach mairgiúil gur thosaigh á aisceadh féin os íseal. 'Ba mhithid do dhuine éigin,' a deir sé leis féin, 'slacht a chur ar an scéal sin.' Nuair a bhí deireadh déanta, fuair Seanchán gona Thromdhámh a ndán agus a n-ealaín féin ar ais. Ansin, rug Marbhán leis iad dá áras féin i nGleann an Scáil gur thug fleá mhórchaoin ansiúd dóibh. Choinnigh ann go ceann seachtaine iad gan easpa bia ar ocrach, uireasa dí ar íotach, ná éagmais ealaíon ar neach ach á bhfreastal is á bhfriotháil go maith agus go minic.

I gceann na seachtaine subhaí sin, agus socht an tsobhra tite ar an Tromdhámh, d'éirigh Marbhán go ndúirt: 'Anois, a chladhairí, nach dtógann bhur dtóin den luaith, cuirim bhur n-oilc agus bhur n-éagóra agus bhur n-ainbhfeasa in bhur n-aghaidh, a lucht cumtha bréag sa dán. Gan fuacht gan faitíos, fógraím oraibh gur trua is gur tochrá liom méid bhur n-ainbhreath ar Ghuaire agus ar Chonnachtaibh agus ar shaorchlannaibh saorchineáil Éireann archeana!'

Gheit an Tromdhámh idir ollamh is ánradh, idir fhile is éigsín, idir fhior is mhnaoi le teann póitmhearbhaill is iar-mheisce.

'Ach cén chiall sin, a Mharbháin?' ar siad d'aitheasc aonfhir.

'Cén chiall sin? Nach bhfuil sé i seanchas bhur scoile féin, ní háirím sa seanchas coiteann, nár féadadh sibhse, a aos ealaíon Éireann, a iompar le méad bhur n-ainbhreath ar na ríthibh a tháinig romhainn? Nó an é nár chuala sibh trácht ar aonshúil Eochadha[31] nó ar each geal Thaidhg Uí Chonchobhuir[32], nár imí uainn ach iad?'

'Bí ceanúil cneasta trócaireach tais linn, a Mharbháin!' arsa Seanchán.

'Ceanúil cneasta trócaireach tais libhse, a dhíorma deilbhithe na dtlus? Tá bhur leaca lite is bhur gcosa nite, bhur gcaiscín meilte, bhur gcnaipe déanta is bhur gcáca cnapánach dóite; is maith an fhoighe feasta oraibh é! Ós maith agus ós ea, is í an bhreith a bhéaraimse oraibh,' a deir sé agus an fhearg ina luan loinneartha lonn ag éirí óna cheann, 'gach ollamh

---

[31] Tagairt do mhian dho-fhála de chuid na bhfilí agus don scéal a deir gurbh éigean d'Eochaidh mac Luchta a leathshúil a thabhairt don fhile Aithirne ar fhaitíos a aortha.

[32] Tagairt eile do mhian dho-fhála de chuid na bhfilí agus don scéal a deir gurbh éigean do Thadhg Talchair an Eich Ghil Ó Conchubhair, Rí Connacht (†1030), a each a thabhairt uaidh ar fhaitíos a aortha.

agaibh a dhul ina chríoch dhúchais féin agus gan an
Tromdhámh a bheith fara a chéile go brách arís ag
lot nó ag milleadh Éireann, agus gan a bheith ní ba
lia díobh uaidh seo amach go dté sibh i gcuibhreann
na gcorp ná buíon naonúir i bhfarradh gach ollaimh.
Cuingim oraibh, más ea, an bhreith sin.'

'Béarfaimid, cheana,' ar siad.

'Cor thar céill agus focal le fán an méid sin uaibhse,
a aos ainfhírinne! Tugaigí rátha naomh nÉireann
leis!' arsa Marbhán.

Thug.

Mar sin a rinneadh agus mar sin a bhí. Ba mhór
an sult agus an sásamh do Mharbhán turnamh sin
na dtréan agus urísliú na n-éigeas. Óir chuaigh gach
ollamh díobh dá chríoch dhúchais féin ar aslach
Mharbháin agus naomh nÉireann ionas gur uaidh sin
an sean-rá nach dual do neach a thigh ná a threabh a
thréigean. D'fhan cuimhne na n-eachtraí agus na
n-éachtaí úd ina mana rabhaidh uaidh sin amach ag
gach n-aon dár thaobhaigh peann is pár ionas nach
raibh an Tromdhámh ag siúl in Éirinn ó shin i leith.

A Fhinid sin, Áiméan!

IAR-FHOCAL

Ní buan duine tar éis a aortha. Más maith a thuig na huaisle sin, is fearr a thuig an t-aos dána é óir ba é spleáchas an oinigh agus an dea-chlú ar a chéile a choinnigh cuallacht righin eisiatach na bhfilí, (an chéad cheardchumann san Eoraip, mar a thug James Carney orthu) in uachtar ó Chataibh go Cléire ar feadh breis agus ceithre chéad bliain ó 1200 amach. Ba iad na filí a chuireadh i bhfeidhm dlí an oinigh (*cáin n-enech*) agus is duine gan chéill nach ngéilleadh dóibh ar uamhan a n-aoire. Buntuiscint de chuid an tseanreachta ba ea gurb *uaisle oineach ná anam*, tuiscint is léir freisin sa seanrá *Is beo duine d'éis a anma ach ní beo d'éis a oinigh*. Ba é Guaire Aidhne, (+663 de réir Annála Uladh) nó Guaire an Oinigh, eiseamláir an traidisiúin sin; bhí sé ráite go raibh leathlámh leis níos faide ná an lámh eile i ngeall ar a dtugadh uaidh léi. Lean cáil sin na féile de anuas go dtí ár linn féin sa leagan *Chomh fial le Guaire*. Ní hiontas ar bith, mar sin, gurb é eiseamláir na féile a chuirfeadh an t-údar i scéal den chineál seo.

Níl áit is fearr a bhfeictear spleáchas an dea-cháil agus na féile ar a chéile ná san fhocal *oineach* féin, focal a raibh dhá chiall leis: 1) céim sa saol .i. stádas sóisialta, agus 2) féile nó flaithiúlacht — níorbh ann do cheann in éagmais an chinn eile. Ba é an rud ba mheasa, seans, a chuirfí i do leith sa tseansochaí Ghaelach go raibh tú suarach, go ndearna tú *feall ar oineach*; bhí ainm dá réir ar an té a dhéanfadh .i. *cac ar oineach.*

Téama coitianta de chuid na litríochta neamh-chanónda is ea miana do-fhála do-iompartha a bheith á n-éileamh ar na huaisle ag na filí — sméara i lár an gheimhridh, beoir aon-ghráinne agus mar sin de. Dream santach míréasúnta a bhí sna filí, dar le go leor. Ní trí sheans, dá bhrí sin, a roghnaigh an t-údar an focal *tromdhámh* (.i. buíon ina bhfuil líon thar ceart) mar theideal ar an scéal. Go deimhin, cá bhfios nach ag smaoineamh ar an méid seo a leanas a bhí sé: *Cethrar ar fhichit do ollamain for túathaib, da fher deac oc acru, dechenbor dó for féile fledaib, ochtar for coí la ríg*[33] .i. "ceathrar ar fhichid leis an ollamh agus é ar ghnó poiblí, dháréag agus é ag agairt dlí, deichniúr leis ar fleá féile, agus ochtar leis ar caoi[34] le rí"?

D'fhág an mórshuaitheadh sóisialta, polaitiúil, agus cultúrtha a tharla sa dara haois déag athrú ó bhonn ar shaothrú an léinn in Éirinn. Le leathadh na litearthachta i measc na n-uaisle, mar a tharla

---

[33] Féach *Uraicecht na Riar: The Poetic Grades in Early Irish Law*, eag. Liam Breatnach (Dublin: Dublin Institute for Advanced Studies, 1987), § 5.

[34] .i. ar chuairt ríoga.

freisin ar an Mór-Roinn, thuig na taoisigh nár theastaigh an Eaglais chomh mór sin feasta leis an litríocht a chumadh, ach go bhféadfaí an cúram sin a leagan ar an aos léinn tuata. D'fhág sin a lorg féin ar an Eaglais óir ní ar chúrsaí léinn ach ar chúrsaí spioradálta ba dhual di a haird a dhíriú feasta den chuid ba mhó. Thuig na huaisle go bhféadfadh an file a bheith ina chuid dhílis den *apparatus* cultúrtha a dhéanfadh dlisteanú ar an tseilbh a bhí acu (nó a bhíodh á héileamh acu) ar fhearann dílis is gaisce.

Eaglaiseach binb-bhriathrach anaithnid, a mhair i sochaí aicmeach nár dhual di an bladh in éagmais na féile, a chum an t-aoirscéal *Tromdhámh Guaire* thart ar 1300, téacs a bhfuil cuid dá phréamha ag síneadh siar chomh fada leis an seachtú haois, leis an tréimhse a shamhlaítear le triúr dá mhórphearsana, Seanchán Toirpéist, Dallán Forgaill, agus Guaire an Oinigh — triúr a bhfuil screamh an tseanchais ina luí chomh tiubh sin orthu gur deacair an fhírinne ina dtaobh a cháitheadh ón mbréag.

Téacs iltéarmach ilchisealach é *Tromdhámh Guaire*. Féach gur beirt naomh a thugann slán Táin Bó Cuailnge trína cur á haithris ag Fearghas agus á breacadh ag Ciarán Chluana i lámhscríbhinn de chuid na hEaglaise (*An Odhar Chiaráin* .i. *Leabhar na hUidhre*). Léamh amháin ar an méid sin is ea gur faoin Eaglais is ceart freagracht na litríochta a fhágáil óir féach a dtarlaíonn ach a leagtar an fhreagracht sin

ar thuataigh — ní thig leo aire mar is ceart a thabhairt
don Táin féin, an scéal is iomráití dár cumadh, an
scéal ar muide muid féin (.i. an Eaglais) a chum, dar
fia! Dá dhonacht sin, féach nach bhfuil na filí sásta
caitheamh go cóir leo siúd a choinníonn greim faoin
bhfiacail leo; a mhalairt is gnás leo — mí-úsáid a
bhaint as bagairt a n-aortha chun an phingin deiridh
a fháisceadh as na huaisle.

NÓTA TEANGA

Ó thaobh caitheadh leis an mbuntéacs, d'fhéach mé
le friotal agus foghras an tseanscéil a thabhairt slán,
cuid dá inneach a thiúchan, na snátha seanchais a
bhí ar fiar ann a fhí ina chéile arís, ach gan aon chuid
dá scéimh ná dá shaibhreas a ligean le sruth an
róshimplithe. Nár lige Dia!

D'fhéach mé le stíl ar leith a chur i bhfeidhm, stíl
a bhí dílis don bhunleagan agus a léireodh spleodar
na teanga inar cumadh an chéad lá. San áit a raibh
foirm tháite den bhriathar ann, agus an fhoirm sin
beo i gcónaí i gcaint na Gaeltachta, thug mé liom í;
léiriú maith ar a leithéidí *déanaidh, frítheadh*, srl,
foirmeacha neamhchaighdeánacha a bhfuil ceart
stairiúil na teanga leo.

Choinnigh mé foirceann an tabharthaigh iolra
(-(a)ibh); ceartleaganacha neamhchaighdeánacha

(*miana* in áit *mianta, ceasta* in áit *ceisteanna* srl); focail áirithe a bhíonn le fáil sa tseanscéalaíocht (*iomthúsa, sonn, go* + urú sa chiall 'le' srl.); agus an foirceann -*feam* mar 1iol san fhilíocht. Ós ag caint ar an bhfilíocht é, d'fhéachas le cinnteacht siolla a choinneáil sna línte, agus ciall a bhaint aisti san áit nach raibh sna lámh-scríbhinní, in ainneoin dhícheall na scríobhaithe, ach brachán. Focal ar bith a bhí sa bhuntéacs agus a choinnigh mé, ach nach raibh ag FGB, chuir mé nóta leis ag bun an leathanaigh.

Maidir le logainmneacha, bhí a ndeacair féin ag roinnt leo ionas gur dho-dhéanta a dhéanamh amach cén áit go díreach a raibh cuid acu suite; bíodh is go bhfuil siad siúd marcáilte ar an léarscáil, ní léiriú beacht barrainneach sin ar a suíomh ach buille faoi thuairim.

Ar deireadh, ba mhian liom aitheantas agus buíochas dá réir a thabhairt don Ollamh Gearóid Mac Eoin, an té a chuir Guaire an Oinigh gona ghníomhartha garta i mo cheann an chéad lá. Gura fada buan é!

Táin Bó Cuailnge

Darach Ó Scolaí

€18 (crua), 240 lch; ISBN 978-1-911363-11-8

Ionradh a rinne Ailill agus Méabh Chonnacht ar Chúige Uladh, ag iarraidh tarbh an chúige a bhreith leo, is údar le Táin Bó Cuailnge. Is inti a insítear scéal Chú Chulainn, an laoch óg a sheas an fód ar son na nUltach ó Luan tosaigh na Samhna go tosach an earraigh, gan de chuideachta aige in aghaidh mhórshluaite cheithre ollchúige Éireann ach a charbadóir dílis Lao. Is inti freisin a dhéantar cur síos ar a óige, ar a chéad ghaiscí, ar an gcaoi a bhfuair sé a ainm, agus ar a chomhrac cinniúnach lena chara is lena chomhalta, an laoch Connachtach Feardia.

"Tá sine nua curtha ag an saothar seo i slabhra athnuachana na Gaeilge. Ó tharla go bhfuil buneachtraí an scéil leagtha síos ag an traidisiún, braitheann feabhas an leagain seo ar chaighdeán na teanga agus na stíle. Caighdeán ard — an cineál is airde — atá ann. Tá an stíl nádúrtha, soléite, saibhir. Tá luas agus rithim ann. Tá beocht sna cuntais. Is cinnte go mbeidh Gaeilgeoirí bródúil as an maisiú seo ar an mílaois úr." —*An tOllamh Máire Ní Annracháin*

Ghnóthaigh an leabhar seo Duais Chuimhneacháin Aodáin Mhic Phóilin 2017.

Conaire Mór
Diarmuid Johnson

€16 (crua), 104 lch; ISBN 978-1-911363-12-5

Is athinsint bhríomhar bheoga atá in *Conaire Mór* ar an eipic Sean-Ghaeilge *Togail Bruidne Da Derga* — scéal a thosaíonn le rí á ghairmeadh de Chonaire agus a chríochnaíonn lena mharú brúidiúil ar bhruach na Dothra. Na hiontais ar fad atá i dtraidisiún na seanscéalta, tá siad ar fáil go flúirseach in imeachtaí an scéil, idir mhacghníomhartha Chonaire agus a theacht i réim, na blianta a raibh Éirinn faoi bhláth lena linn, agus an tuar báis nárbh fhéidir a shéanadh. Seo scéal nár insíodh i nGaeilge le beagnach míle bliain, ach tá Conaire Mór i réim anois arís ar deireadh.

"Leabhar an-shuaitheansach. Athinsint shamhlaíoch chruthaitheach ar cheann de na scealta is tábhachtaí dá bhfuil aqainn ó litríocht na Sean-Ghaolainne."
— *Breandán Ó Cróinín, Léirmheas Leabhar TG4*

Ghnóthaigh an leabhar seo Gradam Uí Shúilleabháin 'Leabhar na Bliana' 2017.